낯선 그림책 읽기의 세계

낯선 그림책 읽기의 세계

아이들의 솔직한
그림책 감상과
생각의 틀을 깨는
그림책 읽기

유영호 지음

학교도서관저널

머리말

낯선 그림책 읽기의
가능성을 알아야

독서 수업을 시작하던 20여 년 전 그림책이 저에게 중요한 의미를 지니게 될 것이라고는 조금도 예상하지 못했습니다. 지금은 독서 능력을 높이기 위해 그림책을 적극 활용하고 있습니다만 그림책은 동화와 마찬가지로 저학년들이 거쳐야 할 단계 정도로 여겼지요.

저는 독서 수업에서 기억력과 사고력을 강조합니다. 줄거리를 말로 자세하게 발표하게 하는데 힘들다고 하면 그림책으로 하라고 권합니다. 대체로 그림책은 기억을 잘하는 편이지만 어떤 그림책은 아이에 따라 다르게 나타납니다. 그 자리에서 다시 읽게 해도 그랬지요. 어른들은 구별하지 못하는, 아이 수준에서 차이나는 무엇이 있을 것으로 생각했습니다.

독해도 그렇게 접근했습니다. 아이의 생각이 틀렸다고, 책을 대충 읽었다고 판단하지 않고 '왜 그렇게 해석하지?' 하고 의문을 가졌습니다. 기억나는 책으로는 윌리엄 스타이그의

『아모스와 보리스』가 있는데, 대부분의 아이들이 핵심 내용을 발표하지 않더군요. 고래 보리스는 생쥐 아모스의 섬세함, 우아함, 보석처럼 빛나는 눈빛 등에 감탄하고, 아모스는 보리스의 거대함, 당당함, 친절함 등에 탄복했다는 내용 말입니다. 한 아이가 이렇게 썼습니다.

"보리스는 왜 아모스의 보석처럼 빛나는 모습에 감동했을까? 난 하나도 감동 안 하는데. 좀 이상하다. 위엄, 힘이면 어떨까? 그럴 때 감동을 해야 되지 않을까? 그리고 지혜!"

그때 알았지요. 아이들이 백지 상태에서 독해하지 않는다는 것을. 동화의 주제를 부모나 학교로부터 배운 시각으로 굴절해서 독해한다는 것을.

이러한 방식의 독서 수업 강의를 듣고 연구원으로 참여하는 사람이 조금씩 늘어났습니다. 그래서 같이 공부하는 모임을 만들었습니다. 우리나라 초·중등학교에서는 지정된 교과서와 외부 평가 등으로 교사를 통제하는데 그런 형태로는 교사의 자발성이나 창의성을 끌어내기 어렵다고 생각했지요. 그래서 기억력 분과, 사고력 분과뿐 아니라 그림책 분과, 동화 분과 등을 만들어 같이 공부를 했습니다. 그러면서 아이들의 해석이 늘 부족하거나 틀린 것만은 아니라는 걸 알게 됐습니다.

이 책의 2장은 잡지 『공동선』(2013. 4~2015. 2)에 발표한 글을 다시 정리한 것입니다. 『공동선』의 김형길, 문윤길 두 분에게 이제야 감사 인사를 전합니다. 3장은 그림책 분과 연구원 중 김태희, 윤희정, 이지현 연구원이 써 주었습니다. 연구원들과 같이 공부하고 강의하는 과정이 없었다면 이렇게 정리하지 못했을 것입니다. 늘 제 글을 읽고 검토해 주는 남윤정 연구원을 비롯, 스키마언어교육연구소의 연구원들에게 크게 한턱을 내야겠습니다. 그리고 낯선 독해를 선뜻 받아주신 학교도서관저널의 오선이 편집자님에게 감사의 말을 전합니다.

　이 책에서 독해한 내용이 '모범 독해' 또는 '문학 비평'처럼 받아들여지지 않기를 바랍니다. 다수 또는 '정상'을 전제하고 쓴 글이 아니라 그림책 작가, 활동가나 교사들이 낯선 그림책 읽기 가능성을 알기를 바라는 마음으로 정리한 것입니다. 그래서 함께 읽은 아이들의 생생한 목소리를 실었는데, 아이의 의견도 어떤 측면에서는 '소수'의 시각이지 않을까 합니다. 낯선 그림책 읽기를 통해 더욱 다양한 그림책들이 나오고, 또 그림책을 통해 아이들을 있는 그대로 받아들일 수 있는 그림책 읽기 모임이 많아지면 좋겠습니다.

유영호

차례

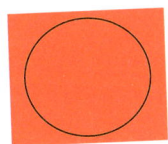

머리말

낯선 그림책 읽기의 가능성을 알아야 4

1장 그림책을 읽는 다양한 시선

그림책은 놀라울 정도로 다양하다 12

아이에게 맞는 그림책 고르기 28

2장 그림책 다르게, 낯설게 읽기

아이들을 위한 책, 어른들을 위한 책 44

『내 이름은 자가주』, 『언제까지나 너를 사랑해』, 『아빠, 나 사랑해요?』

현실을 뛰어넘는 상상력 54

『빈터의 서커스』, 『구름빵』

이야기는 어떻게 퍼져 나가나? 66

『이야기 주머니 이야기』, 『이야기 이야기』, 『생각을 모으는 사람』,

『오필리아의 그림자 극장』

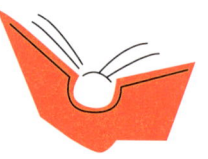

학교 밖에서도 배우는 아이들 78
『도서관에 간 사자』,『까마귀 소년』,『들꽃 아이』

행복하지 않은 가족들 90
『돼지책』,『동물원』,『공원에서 일어난 이야기』,『숲 속으로』

칭찬하는 것만이 좋을까? 102
『에드와르도 세상에서 가장 못된 아이』

진실은 어떻게 왜곡될까? 116
『사라, 버스를 타다』,『일어나요, 로자』,『로자 파크스, 나의 이야기』

장애를 올바르게 바라보는 법 128
『엄마, 내가 자전거를 탔어요!』,
『내게는 소리를 듣지 못하는 여동생이 있습니다』,『내 친구는 시각장애인』

사람도 동물도 행복하려면 138
『아프리카여 안녕!』,『행복한 사자』,『이글라우로 간 악어』,
『동물원』,『서로를 보다』

전쟁과 평화를 가르치는 법 152
『나는 평화를 꿈꿔요』, 『꽃할머니』, 『여섯 사람』

낯선 삶에 진심으로 공감하기 166
『내가 라면을 먹을 때』, 『맑은 하늘, 이제 그만』, 『로쿠베, 조금만 기다려』

아이들은 미숙하지 않다 178
『어른들은 왜 그래?』, 『뒤죽박죽 달구지 여행』, 『노랑이와 분홍이』

3장 그림책 깊이 읽기

세계 유명 그림책 상을 수상한 그림책 _김태희 190
현실을 그대로 담아 불편한 그림책 _윤희정 214
은유와 상징으로 현실의 부조리를 그린 그림책 _이지현 235

글을 마치며
그림책의 다양한 해석을 위하여 254

참고도서 270

1장

그림책을 읽는 다양한 시선

그림책은
놀라울 정도로
다양하다

그림책의 다양함은 놀라울 정도입니다. 소재나 색채, 디자인뿐 아니라 주제 역시 무척 다양합니다. 가끔 불편한 책도 있지만 감탄할 만한 책이 훨씬 더 많습니다. 대중문화의 획일성과 비교할 때 그림책의 발전은 더욱 돋보이지요. 더구나 우리나라 그림책이 해외에서 호평받고 있는 점도 고무적입니다. 우리나라 작가나 작품이 매년 해외의 유명 상을 받을 뿐 아니라 해외 전시관에서도 우리나라 그림책을 찾는 사람들이 늘고 있습니다.

아이부터 어른까지 사랑받는 그림책

그림책은 사진과 만화에 이어 '제10예술'의 자리를 놓고 게임, 요리와 경쟁하고 있다고 합니다. 우리나라는 전통 예술에 비해 최근 예술, 이를테면 영화나 만화, 게임의 성장이 두드러집니다. 2016년에 출범한 그림책협회는 '그림책이 이 시대에 새롭게 자리매김 되어야 할 제10예술임을 선언하고 그림책이 독립 예술 장르로 인정받도록 노력'할 것을 첫 번째 활동 계획으로 삼고 있습니다.

그림책은 아이만 읽는 것이 아니라 청소년이나 어른들도 재미있게 읽을 수 있는 장르로 확대되고 있습니다. 그래서인지 어른을 주 독자로 상정한 것이 아닌가 싶은 그림책도 많이 나오고 있습니다. 난해한 주제뿐 아니라 상징이나 은유를 읽어내기 힘든 책들도 많이 있습니다. 닐 게이먼의 『금붕어 2마리와 아빠를 바꾼 날』은 주인공이 친구의 금붕어가 너무 갖고 싶어 아빠와 바꾸는데, 엄마의 호통에 아빠를 찾아나서는 이야기입니다. 손 탠의 『잃어버린 것』은 병뚜껑을 수집하던 주인공이 버려진 물건을 보고 제자리를 찾아주려 하는 이야기입니다. 이런 그림책은 다양하게 해석할 수 있는 많은 의미가 더 담겨 있습니다.

『금붕어 2마리와 아빠를 바꾼 날』, 닐 게이먼 글, 데이브 맥킨 그림, 소금창고
『잃어버린 것』, 숀 탠 지음, 사계절

그림책을 좋아하는 부모들은 자신도 재미있게 그림책을 읽고 아이들에게 읽어 줍니다. 하지만 그림책에 대해 잘 모르고 좋은 책을 판단하기 어려운 부모들은 어떤 책을 고를지 고민입니다. 또 아이와 부모의 선호도가 달라 당황스럽기도 하지요. 그럼에도 선택할 책이 많은 것은 바람직합니다.

다양한 그림책이 나오고 있으니 아이들도 다양한 책을 읽을 수 있게 되었지만, 대체로 부모나 교사가 권해 주거나 권위 있는 평론가가 좋은 책이라고 평한 책을 읽게 됩니다. 이때 어른들의 가치나 판단이 들어가게 되고, 그림책에 대한 해석 역시 무의식적으로 받아들이게 되지요. 이런 해석을 아이들이 그대로 수용하는 것은 괜찮을까요?

좋은 책을 권한다는 것

아이가 집에 있는 책이나 친구 집에서, 또는 도서관에서 직접 선택해서 이 책 저 책 읽는 것은 자연스러운 일입니다. 그런데 수상작이나 추천도서 또는 부모가 좋은 책이라며 아이에게 권할 때는 미묘한 차이가 생깁니다.

예를 들어 보겠습니다. 『아모스 할아버지가 아픈 날』은 2011년 칼데콧 상 수상작입니다. 동물원지기인 아모스는 동물원에 출근합니다. 코끼리와 체스를 두고, 거북이와 달리기 경주를 하고, 펭귄 옆에 앉아 있고, 코뿔소에게 손수건을 빌려주고, 부엉이에게 책을 읽어 주지요. 어느 날 아모스가 감기에 걸려 출근하지 못하자 동물들이 찾아와 아모스에게 똑같은 행동을 합니다. 이런 내용은 저학년도 쉽게 이해합니다. '도움을 주면 필요할 때 도움을 받는다.'는 것이지요.

아이가 혼자 읽고 스스로 이렇게 느낀다면 정말 좋겠지만 부모가 설명하거나 아이한테 말을 하라고 하면 교훈이나 반성으로 바뀌게 됩니다. '네가 도움을 받지 못한 것은 먼저 도움을 주지 않아서야.'라거나 더 나아가 '도움을 받으려면 먼저 도움을 줘야 해.'라는 압박을 느끼는 아이는 없을까요?

물론 설명하지 않으려고, 가르치지 않으

> 『아모스 할아버지가 아픈 날』, 필립 C. 스테드 글, 에린 E. 스테드 그림, 별천지

려고 애쓰는 부모들이 많습니다. 편하게 마음대로 자기 생각이나 느낌을 얘기하도록 허용하기도 합니다. 그렇지만 전쟁이나 죽음, 성폭력 등 현실의 어두운 면을 다룬 책이나 상징이나 은유가 많은 그림책이라면 어떨까요?

『전쟁』에서는 파랑 나라와 빨강 나라가 전쟁을 벌이고 있습니다. 아주 오랫동안 말이죠. 빨강 나라의 쥘 왕자는 파랑 나라의 파비앙 왕자에게 결투를 신청합니다. 파랑 나라의 왕자가 엉겁결에 승리하자 왕은 파비앙 왕자가 수치스럽다며 나라에서 추방합니다. 전쟁도, 승리도 관심 없었던 파비앙 왕자는 거짓말로 자신이 노랑 나라에 있으며 굉장한 군대가 있으니 전투를 벌이자고 두 나라에 편지를 보냅니다. 파랑 나라와 빨강 나라는 동맹을 맺고, 있지도 않은 노랑 나라의 군대를 마냥 기다립니다. 그러는 동안 두 나라 사람들이 뒤섞여 생활하면서 전쟁은 끝이 나지요. 유네스코는 이 책이 '간결하고 엉뚱한 반면 시적이고 감동적인 내용을 담고 있으며 어린이들에게 전쟁의 어리석음을 잘 보여 주고 있다.'고 평했습니다. 그런데 어떤 아이는 '속임수'로 이긴 것에 대해 불편한 느낌을 드러내고, 또 누구는 있지도 않은 상대한테 진 것이 '허무'하다고 표현하기도 합니다. 다른 아이는 파비앙 왕자가 아버지한테 쫓

『전쟁』, 아나이스 보즐라드 글, 아나이스 보즐라드 그림, 비룡소

겨나도 좌절하지 않고 (전쟁을 끝내기 위해) 노력하는 점이 인상 깊다고 말하기도 했지요.

『적』 역시 '전쟁의 본질을 가장 쉽고 명료하며 깊이 있게 다룬 수작'이라는 평을 받습니다. 황량한 들판, 두 개의 참호 속에 각각 한 명의 병사가 숨어 있습니다. 그들은 서로를 인간이 아닌, 적으로 간주하고 종일 총부리를 겨누고 있습니다. 적을 죽이지 않으면 적이 나를 죽일 것이라는 말에 세뇌되어서요. 전쟁을 끝내기로 하고 기습 공격에 나선 두 사람은 적의 참호로 들어갑니다. 거기서 적도 자기처럼 가족이 있는, 같은 인간임을 깨닫지요. 꼼꼼히 읽은 아이라면 '총알받이 병사'라는 단어를 보고 지시를 따른 것이라고 알아채기도 합니다. 대충 읽었다면 '멍청해. 당연히 같은 인간이지.'라고 말할지도 모르고, 더 깊이 들어가면 같은 인간이지만 '다르다'고 규정했으니 싸울 수밖에 없다고 말할 것입니다.

어른은 직간접 경험이 풍부한 편이라 그림책을 독해할 때 맥락을 쉽게 떠올릴 수 있습니다. 반면에 아이들은 자신의 경험과 지식이란 틀로 바라보므로 맥락과 맞지 않는 경우도 있습니다. 예를 들어 보겠습니다.『장벽』에서는 파란 왕국의 왕이 다른 색 사람들을 모두 추방

『적』, 다비드 칼리 글, 세르주 블로크 그림, 문학동네
『장벽』, 잔카를로 마크리·카롤리나 차노티 지음, 마우로 사코·엘리사 발라리노 그림, 내인생의책

하고 장벽을 세우라고 합니다. 하지만 장벽을 세우려고, 정원을 꾸미려고, 분수를 만들려고 다양한 색깔의 사람들이 장벽을 넘어오고, 결국 장벽은 허물게 됩니다. 이 책을 읽으면 어른들은 자연스럽게 인종이나 종교, 문화 사이에 쓸데없는, 아니 약자를 억압하는 장벽을 허물어야 한다는 생각에 동의합니다.

『무슨 벽일까?』, 존 에이지 지음, 불광출판사

『무슨 벽일까?』에 나오는 벽은 주인공에게 위험으로부터 자신을 지켜 주는 벽입니다. 주인공은 벽 너머가 위험하다고 여깁니다. 그런데 차츰 물이 차오르고 악어와 거대한 물고기가 나타나자 가장 위험하다고 믿었던 벽 너머 거인이 구해 줍니다. 출판사에서는 낯선 세상을 두려워하지 말고 '마음의 벽'을 넘어가라고 손을 잡아 주는 내용이라고 설명합니다. 여기서 어른은 쉽게 '배려와 용기'의 힘을 알아차릴 수 있지요.

그런데 아이들은 '벽' 하면 인종이나 문화 차별 또는 마음의 벽 등을 연상하기 전에 다음과 같은 구체적인 것들을 떠올릴 것입니다. '만리장성', '학교 담벽', '방화벽' 또는 '집안의 벽' 등. 모두 필요한 것이 아닌가요? 적어도 내부 사람에게는 말이지요. 물론 책의 내용을 설명하면 알아듣긴 할 것이고 '그런 책이구나' 이해할 것입니다. 그렇지만 아이들이 '인종 차별'이나 '마음의 벽' 등은 경험하기 어려우니 그림책을 읽고 쉽게 떠올

리기도 어려울 것입니다.

한편 그림책에서는 벽을 쉽게 무너뜨리는데, 왜 현실에서는 여전히 문제가 되고 있는지 이상하게 생각하지 않을까요? 아이들이 『장벽』을 읽고 '쓸데없이 벽을 쌓았다. 왕이 어리석다.'고 말하는데, 그렇다면 현실에서도 어리석은 사람들이 쓸데없이 차별이라는 벽을 쌓은 것일까요?

상징과 은유가 높은 그림책

그럼에도 상징과 은유 수준이 높은 책을 강하게 옹호하는 평이 많이 있습니다. 특히 특정한 아이에게 강한 공감을 끌어내고 긍정적인 효과를 가져왔다고 말하기도 합니다.

『지각대장 존』은 그림책 평론에 자주 등장합니다. 존은 등굣길에 상상의 세계에 빠져 번번이 지각을 하는데, 선생님은 그 말을 믿지 않고 벌을 줍니다. 그러다 선생님이 고릴라에게 붙잡히자 존에게 도움을 요청합니다. 하지만 존은 선생님의 말을 믿지 않고 가 버립니다.

이 책에 대해 몇몇 평론가들은 존이 반성문을 쓰는 과정을 통해 아이다움과 상상력이 사라지면서 학교가 원하는 모습으로 바뀌고 있다고 하면서 이 작품이 학교 권위를 풍자한 책으로 해석합니다. 또 아이들

『지각대장 존』, 존 버닝햄 지음, 비룡소

은 "앗싸! 잘했어." 하고 환호하는데 이런 반응이 당연하다면서 교사는 자신도 여기 나온 교사와 비슷하게 아이를 대한 적이 없는지 반성하게 된다고요. 그렇지만 다르게 생각하는 아이도 있습니다.

"선생님도 충분히 이해가 간다. 사자며 악어며 그런 이상한 사건들을 핑계로 몇 번을 연속으로 지각했으면 화를 낼 만하다."

"왜 선생님을 안 구해 줬을까? 선생님을 구해 주고 선생님에게 억울했던 점을 말하면 미안했다는 사과를 받을 수 있는데."

"선생님을 구해 주지 않는 게 적당한 행동이었는지 아닌지 모르겠다. 선생님은 존을 괴롭히는 사자나 악어나 파도 같은 것을 보지 않아서 믿어 주지 않았지만 존은 고릴라를 보고도 모른 척했기 때문이다."

"왜 다음 날 존이 학교에 갔는지 모르겠다. 교실에 가면 자기 말을 들어주지 않는 선생님이 있을 텐데 말이다."

마지막 내용을 쓴 아이는 학교 가기 싫어했던 아이입니다. 이렇게 아이들은 자신의 경험을 바탕으로 바라보기 때문에 어른들과 다르게 생각합니다. 이런 의사 표현을 할 수 있으려면 다르게 독해할 수 있는 가능성을 열어 두어야 합니다.

상징과 은유의 수준이 높은 소재 중 하나가 '죽음'입니다. 『할머니가 남긴 선물』은 이 분야에서 좋은 그림책으로 꼽힙니다. 손녀와 함께 살아온 할머니는 어느 날 자신의 죽음을 예감합니다. 도서관의 책을 반납하고 외상값을 갚은 후 손녀와 함께 마을 산책을 나섭니다. 마을을 천천히 거닐면서 나무와 꽃과 하늘을 바라보며 일상적인 것의 아름다움을 손녀에게 일깨워 줍니다. 죽음을 앞둔 할머니의 모습을 통해 삶의 의미를 되새기게 하는 그림 동화이지요. 그렇지만 대부분의 사람들은 죽음을 두려워해서 과다한 치료를 마다하지 않고, 죽음에 임박해서도 '연명 치료 동의거부서'를 쓰는 것을 주저하고 있습니다. 그렇다면 이 그림책은 아이에게 읽어 줄 것이 아니라 어른이 죽음을 회피하지 않고 받아들이겠다는 마음으로 읽어야 하지 않을까요? 아니면 아이와 함께 읽고 "나도 이런 마음으로 죽고 싶다."고 덧붙이는 것입니다. 그렇다고 아이가 '조금이라도 더 살려고 몸부림치는 죽음'과 '담담하게 받아들이는 죽음'의 차이를 이해할 수 있을까요?

아이들이 긴 인생을 살고 담담하게 일상과 삶을 정리하는 할머니를 이해하고, 마지막 모습을 선물로 받아들이는 건 어려운 일이지요. 어쩌면 요즘 아이들 중에는 '할머니가 남긴 유

『할머니가 남긴 선물』, 마거릿 와일드 글, 론 브룩스 그림, 시공주니어

산이 설마 그것만은 아니겠지?' 하는 생각을 하는 아이도 있을지 모릅니다.

『쨍아』, 천정철 시, 이광익 그림, 창비

『쨍아』도 마찬가지입니다. 쨍아(잠자리의 사투리)가 뜰 앞에서 죽자 개미들이 모여듭니다. 쨍아를 분해하여 개미들이 이고 가는 장례 행렬은 무척이나 아름답습니다. 죽은 잠자리는 꽃의 탄생을 도우며 아름답게 피어납니다. 아이들도 추상적이나마 죽음이 삶으로 순환한다는 것을 알고 있습니다. 그렇다고 해도 죽음이 두렵지 않은 것은 아닙니다. 그보다 앞서 아이는 생명의 순환 전체를 조감하지 못합니다. 만약 연극으로 꾸민다고 해 봅시다. 누가 잠자리 역을 맡고, 누가 개미 역, 누가 꽃의 역할을 맡을까요? 주인공이 잠자리라고 해도 잠자리 역을 맡고 싶은 아이는 적을 것입니다. 즉 아이는 순환 중에서 밝은 측면을 고르고 싶을 테고, 그렇지 않은 부분을 싫어할 것입니다.

『쨍아』가 의미 있으려면 이런 경험이 선행되어야 할 것입니다. 이를테면 자신이 길렀던 애완동물이 죽었을 때 불현듯 섬뜩한 느낌이 들었다거나 길에서 죽은 동물을 발견하고 자세히 들여다보다 갑자기 죽음이 아무 때나 올지도 모른다는 생각이 들어 '죽으면 어떻게 되나요?', '죽을 때 고통스럽진 않나요?' 등의 의문을 심각하게 가져본 적이 있는 경험.

구체적인 경험으로 보여 주는 그림책

특정한 아이에게 강한 공감을 얻은 책이라도 전혀 다른 경험을 겪은 아이에게는 불편함을 줄 수 있습니다. 그런데 평론가나 교사, 부모가 자신의 해석을 강조하면 후자의 아이는 자신의 내면을 표현하지 못할 것입니다. 아이의 의견을 함부로 평가하지 않고 아이가 쓴 글에 밑줄을 그으며 지적하지 않는다고 해도 아이는 어른의 선입견을 눈치채고 있을지도 모르지요. 죽은 잠자리도 생명의 순환이고, 할머니의 죽음은 삶의 의미를 깨우치게 하며, 벽은 쓸데없는 차별이고, 전쟁은 무의미한 것이라고, 아이 앞에서 그런 해석이 당연하고 바람직하다는 태도를 보인다면 아이는 다른 생각과 느낌을 표현하지 않을 것입니다.

이런 경험이 쌓이면서 아이는 점차 표현하는 능력을 기르지 못하거나, 마음의 문을 닫거나, 이야기를 자신의 경험과 연결시키지 않으려고 할 것입니다. 요즘 아이들은 어른이 요구하는 답을 (놀랍게도) 간파해서 적극적으로 표현하는 모습을 보이는데, 반면에 어른이 기대하는 것과 다른 얘기는 좀처럼 자신있게 말하지 못합니다. 비판받을까 봐 두려워서 우물거리는 게 아니라 자기 생각을 정리하지 못한다는 인상을 받았습니다.

또 아이가 말한 '비도덕·부도덕'한 내용에 한두 번 고개를 갸우뚱거렸다면 아이는 마음의 문을 열지 않을 것입니다. '그렇게 생각할 수도 있구나.', '그렇게 생각할 수도 있어?'라고 말해도 아이들은 긍정적으로 받아들이지 못합니다. 말 속에 깔려 있는 전제가 '창의적이네, 독특하네.'일 수도 있고 '쓸데없이 엉뚱하네. 제대로 읽긴 읽은 건가?'일 수도 있습니다. 하지만 전제나 표현과 상관없이 아이들이 어른들의 부정적인 속마음을 읽었다면, 앞에서는 열심히 수용하는 것처럼 보여도 예의상의 표현이나 어른이 요구하는 답변을 주로 쓸 것입니다.

더 큰 문제는, 이런 이야기들을 아이가 자신의 경험과 연결하는 것이 아니라 교훈이나 지식 같은 것으로 간주한다는 것입니다. 한 아이가 사회적인 큰 문제들(죽음, 성폭력, 차별, 이민 등)에 관심이 있다고 해도 일상에서는 여전히 아이 수준에서 주변 세계를 탐구하고 있습니다.

예전에 아이들이 책을 읽고 '재밌다'는 일반적인 반응에 답답함을 느끼다가 『동생』에 대해 격하게 반응하는 걸 보고 놀란 적이 있습니다. 『동생』은 부모가 누나보다 남동생을 심하게 예뻐하는 이야기입니다. 어른인 나는 남동생이 영악하다고 생각했는데 동생 위치에 있는 아이들은 누나를 비판했습니다. 부모의 사랑을 받으려면 어떻게 해야 하는지 모른다고 말이지요.

『동생』, 조은 글, 김혜진 그림, 푸른숲주니어

반면에 누나는, 특히 남동생이 있는 누나는 차별에 대해 성토합니다. 그런데 독후감에서는 말로 얘기한 것보다 많이 순하게 표현하고 있어 또 놀랐습니다. 아이들은 어떤 상황인지 파악하면서 자신을 표현하고 있었습니다. 어떤 책이 정보로, 지식으로 쌓이고 또 어떤 책이 자신의 경험으로, 삶으로 흡수되는지 말이지요. 즉 자신이 직접 경험하는 것과 비슷한 수준의 내용에는 강한 감정을 투사하면서 자신의 경험과 연결시키지만, 가난이나 죽음 등 사회적 문제를 다룬 책은 평가자의 의도를 파악하려고 노력하고 있었습니다. 그래서 나는 아이와 눈높이가 비슷한, 그리고 구체적인 경험을 담은 그림책을 읽히는 게 좋다고 생각합니다.

할아버지, 할머니 등 가까운 사람의 죽음을 직접 경험했거나 잠자리 같은 곤충의 죽음이 충격적이었던 경험이 있는 아이는 『할머니가 남긴 선물』이나 『쨍아』를 읽고 감동을 받을 수 있습니다. 그렇지 않은 아이는 좀 더 구체적으로 경험할 만한 상황을 제시해서 보여 주는 책이 좋다고 봅니다.

이를테면 『잘 가, 토끼야』에서 주인공 시우는 친구들의 토끼털 귀마개를 부러워합니다. 그래서 직접 덫을 놓아 토끼를 잡았는데, 정말로 토끼가 덫에 걸려 피를 흘리고 죽어 있습니다. 그러자 시우는 엄마에게 토끼가 눈도 감지 않고 죽어 버렸다며 그러려고 그런 게 아니라고 말합니다. 이 장면에서 아이들은 구체적으로 토끼의 모습을 떠올리며 안타까워할 수 있습니다.

『잘 가, 토끼야』, 이상권 글, 이태수 그림, 창비
『지뢰밭 아이들』, 앙젤 들로누와 글, 크리스틴 들르젠느 그림, 한울림어린이

『지뢰밭 아이들』의 내용은 '잔류 폭발물이 아이들의 생명을 위협합니다.'라는 유니세프한국위원회 추천글보다 훨씬 구체적입니다. 축구를 하다가 친구가 노란 병을 발견하고 집어 들었는데 폭발합니다. 그 바람에 주인공도 다쳤지만 친구는 팔 하나와 다리 하나를 잃습니다. 이런 직접적인 장면이 아이들에게 '전쟁의 무서움과 평화의 소중함'을 설명하지 않아도, '나 자신과 친구가 죽을 수 있는 무서운 거구나'라는 걸 보여 줄 수 있을 것입니다.

그렇지만 여전히 죽음이나 전쟁, 차별 등은 아이들의 경험을 넘어선 주제여서 이해하기 쉽지 않습니다. 게다가 '전쟁은 나쁘고 지뢰는 위험하다.'고 단순하게 말할 수도 없습니다. 이산하의 『생은 아물지 않는다』를 보면, 제2차 세계대전 후 덴마크 해변에 묻힌 지뢰 제거 작업에 독일군 포로들(대부분 소년병과 노인병)을 투입해 많은 포로가 목숨을 잃었다고 합니다. 이렇게 전쟁은 간단한 문제가 아닙니다. 왜 전쟁이 일어나는지, 반대하는 사람이 많다고 안 일어날 수도 있는지, 누가 더 피해를 입었는지, 누가 책임을 져야 하는지 알기 쉽지 않습니다. 어

른들도 전쟁의 배경과 폭력의 이유 등을 다 설명하지 못합니다. 제대로 이해하기조차 어렵습니다. 여전히 제2차 세계대전에 대해 새롭게 해석한 책들이 출판되고 있으니까요.

　죽음이라는 주제도 마찬가지입니다. 죽음을 순환의 과정으로 받아들이는 것은 어른들도 쉽지 않은데, 『할머니가 남긴 선물』을 읽고 아이들이 죽음을 삶의 일부분으로 받아들이기를 기대하는 것은 무리가 아닐까요? 그래서 아이들의 경험과 너무 거리가 먼 주제의 그림책을 권하는 것은 주저하게 됩니다. 아이들이 이런 책을 읽고 전혀 엉뚱하게 생각한다고 해도 책의 의미를 설명해 주는 것이 옳은지 판단하기 어려울 수밖에 없습니다.

아이에게
맞는 그림책
고르기

앞에서 말한 책들이 안 좋은 책이라는 건 아닙니다. 그림책은 소재, 주제, 구성이 포함된 이야기일 뿐 아니라 그림, 디자인, 판형 등을 종합해서 만들어내는 예술입니다. 그렇지만 이 책에서는 주로 이야기에 관해서만 언급하고자 합니다.

여기서 예로 든 책은 대부분 '좋은 책' 범주에 들어가는 책입니다. 나는 이런 책들을 아이가 쉽게 꺼내 읽을 수 있는 위치에 둡니다. 다만 문제는 어떤 적절한 조건에서 책을 자연스럽게 권할 것인가 하는 점입니다. 읽기의 목적, 아이의 직간접 경험 전체에서 그림책이 차지하는 비중, 아이의 성향 등을 고려해야 합니다.

그림책을 읽는 목적

그림책 읽기의 목적이 무엇인가에 따라 선정 기준이 달라집니다. 즉 학교 공부에 도움이 되는 지식을 습득하는 것이 목적이라면 과학이나 역사 관련 그림책을 선호할 것이고, 세상에 대해 알려 주고 싶다면 전쟁이나 죽음 등 사회 문제를 다룬 책이 적합할 것입니다. 또는 감성이나 인성을 기준으로 삼는다면 우정, 배려, 사랑 등을 다룬 작품이 좋을 것이고, 문해력 향상을 목적으로 읽힌다면 아이 수준에 맞는 단어나 문장 등을 고려해서 선택해야 할 것입니다.

부모와 소통하는 것을 목적으로 한다면 서로 이야기를 나눌 수 있는 책을 꼽습니다. 예를 들어 『엄마 맘은 그래도… 난 이런 게 좋아』와 『네 맘은 그래도… 엄마는 이런 게 좋아』를 보면 같이 얘기를 나누기가 좋습니다. 음식을 먹을 때 엄마는 어떤 것을 좋아하고, 아이는 어떤 것을 좋아하는지, 방 정리, 그림, 여가 시간 등에 대한 차이를 잘 보여 줍니다.

> 『엄마 맘은 그래도… 난 이런 게 좋아』, 고미 타로 지음, 베틀북
> 『네 맘은 그래도… 엄마는 이런 게 좋아』, 고미 타로 지음, 베틀북
> 『파도야 놀자』, 이수지 지음, 비룡소

아이의 감정이나 내면을 중시한다면 『파도야 놀자』 같은 그림책을 같이 읽고 그림을 봅니다. 소녀는 바다를 바라보며 물에 들어가기를 겁냅니다. 그러다가 파도와 장난치고, 큰 파도가 덮치자 망연자실해 있다가도 파도에 밀려온 조개껍질을 보고 웃습니다. 아이의 표정과 행동, 파도와 물보라가 조화를 이루어 다양한 감정을 느끼게 하지요.

책을 통해 간접 경험을 쌓게 한다는 측면에서도 여러 가지 고려할 것이 있습니다. 예를 들어 그림책을 언어나 단어 습득에 도움 되는 정도로 생각한다면 글자나 숫자, 낱말 등을 재미있게 묘사한 책을 선호하지요. 나는 일반적으로 글자에 익숙하지 않은 아이에게 『최승호·방시혁의 말놀이 동요집』을 권합니다. 또 우리나라의 특징, 특히 과거의 모습을 알려 주고 싶

다면 '한복'이나 '어처구니', '추석 풍경' 등을 다룬 책을 권합니다.

 그림책으로 현실과 전혀 다른 세상이 가능함을 알려 주려면 놀라운 상상력의 그림책을 보여 줍니다. 또 우리 세상의 어두운 이면을 알려 주고 싶다면 『거짓말 같은 이야기』를 아이가 즐겨 찾는 위치에 올려놓습니다. 이 책에는 지하 갱도에서 일하는 아이, 카펫을 짜는 아이, 맨홀 밑에 사는 아이, 지진으로 집과 부모를 잃은 아이, 전쟁에 참가한 후 마음의 병을 앓고 있는 아이들이 나옵니다.

 『달려 토토』와 같이 현실을 비판한 그림책도 있습니다. 말 인형 토토를 좋아하는 아이가 할아버지와 함께 경마장에 갑니다. 아이는 토토와 닮은 말이 이겨서 신이 났지만, 할아버지는 돈을 따지 못해 아이의 말에 대꾸하지 않습니다. 아이는 그 뒤로도 할아버지와 경마장에 가지만 말에 대한 호기심은 사라졌습니다.

 여기에 덧붙여 아이에게 책을 권할 때는 아이 성향이나 내면의 속생각을 감안해야 합니다. 기본적으로 아이는 자신의 내면을 제대로 표현하지 못할 것이고 어른은 아이의 내면을 잘 모를 수밖에 없습니다. 가

> **『최승호·방시혁의 말놀이 동요집』**, 최승호 시, 방시혁 곡, 윤정주 그림, 비룡소
> **『거짓말 같은 이야기』**, 강경수 지음, 시공주니어
> **『달려 토토』**, 조은영 지음, 보림

끔 자기 아이가 슬픈 내용의 책을 싫어한다는 얘기를 듣는데, 그럴 때는 그 책을 당분간 치워 놓으라고 하지요. 또 판타지만 본다거나, 너무 만화 같은 그림책에 빠져 있어 걱정이라는 말도 듣습니다. 이런 문제를 해결하는 것은 아이에 따라 다를 수밖에 없습니다. 아직까지 책이 아이들에게 미치는 영향에 대한 연구가 부족한 상태입니다. 아이들에게 가장 큰 영향을 미치는 문제라는 게임에 대해서도 그렇고, 아주 어린 나이부터 스마트폰을 사용하며 광고나 대중매체에 노출되는 문제점도 명확하지 않습니다. 많은 아이들이 우리 어릴 때와는 다르게 물질적인 어려움이나 힘든 일을 겪지 않아 돈을 중시하는 태도를 속물주의 성향으로, 직접 만나는 것보다 문자나 SNS로 해결하면 간단하다고 여기는 것을 '생각이 단순하다.'고 지적할 수만은 없습니다.

『아기 토끼 버니』, 마거릿 와이즈 브라운 글, 클레멘트 허드 그림, 문진미디어

한 예로 『아기 토끼 버니』에는 엄마 품을 벗어나고 싶어 하는 토끼가 나옵니다. 버니는 물고기가 되고, 높은 산의 바위가 되고, 새가 되어 도망가겠다고 하지만 그때마다 엄마는 따라간다면서 자신이 쉴 수 있는 나무가 될 거라고 합니다. 버니가 돛단배가 되겠다고 했더니 엄마는 바람이 되어 버니를 데려오겠다고 합니다. 그래서 그냥 엄마 아들 하겠다고 합니다.

이런 버니가 사랑스럽다는 독자들이 많습니다. 그런데 엄마를 벗어나고픈 '미운 7살' 아이는 이 책을 싫어한다고 합니다. 엄마의 간섭을 갑갑해하는 아이들은 다 비슷하지 않을까요?

'정상' 기준으로 고르는 그림책

'호랑이와 토끼' 옛이야기는 약자의 꾀로 강자를 물리치는 이야기로 알고 있습니다. 그런데 강함을 선호하고 호랑이를 좋아하는 아이라면 '약자라고 순진하게 대했다가는 속아 넘어갈 수 있다.'고 생각하지 않을까요? 따라서 '약자의 꾀'를 너무나도 당연하게 생각해서 다른 해석의 여지를 남겨 놓지 않는다면 아이는 자신의 생각을 드러내지 않을 것입니다. 잘못 독해했다고 지적받을까 봐 걱정되어서 말이지요.

최근에 『난치의 상상력』을 읽고 충격을 받았습니다. 나는 주변 사람에게 운동을 하라고 권하는데, 운동을 잘 안 하고 아프거나 힘들어하는 사람을 좀 '낮게'(자기 절제력이 부족하다는 식으로) 보는 성향이 있는 편입니다. 글쓴이는 불치병인 크론병을 앓고 있어 노력하기도 힘들고, 노력해도 좋아지지 않는다고 합니다. 그래서 그는 "나는 아프지만 살아 있고, 아프게 살 것이다."라고 말합니다. 그동안 내가 한 말이 건강한 정상인에게는 불편하지 않은 이야기였지만, 그런 말을 들은 장애인은 '아프게 살아야 하는' 자신이 부정당하는 느낌을 받는다고 합니다. 단지 자신의 느낌을 표현하지 않았을 뿐이지요.

『일곱 마리 눈먼 생쥐』, 에드 영 지음, 시공주니어

그림책에서 비슷한 예를 들어봅시다.『일곱 마리 눈먼 생쥐』는 눈먼 생쥐들이 연못가에서 코끼리를 만났지만 뭔지 몰라 옥신각신하다가 전체를 꼼꼼히 살핀 하얀 생쥐가 코끼리라고 알아맞히는 내용입니다. 이 책을 읽고 '부분만 알고서도 아는 척할 수는 있지만 참된 지혜는 전체를 보는 데서 나온다.'는 진리를 시각적으로 쉽게 표현했다는 점에 감탄합니다. 하지만 '시각장애인'의 입장에서 보면 '장님이 코끼리 만지듯'이란 관용구처럼 자신들이 부분만 보는 사람으로 오해받는다는 점에 불편해할 것이고, 정상인도 그런 식으로 시각장애인에 대한 편견을 강화하게 될 것입니다.

장애나 흑백 차별 등에서 보이듯이 '사회적 약자'로 구별되는 집단을 그린 그림책은 그들에게 불편할 수 있다는 점을 추론하거나 상상할 수 있습니다. 그렇지만 개인적인 경험으로 접근해야 하는 '성폭력'이나 '죽음', '전쟁과 평화' 등을 다룬 이야기는 어떤 아이에게 적합하지 않은지, 즉 과거에 비슷한 경험이 있는지, 아니면 미래를 대비해서 미리 알려 줘야 하는지 확신하기 쉽지 않습니다. 예를 들어『잘 가, 토끼야』에서 죽은 토끼를 정성스레 묻어 준 것을 같이 읽으면서 '곤충이나 벌레를 무심코 죽인 경험이 있는 아이들에게 생명의 귀중함을 느낄 수 있게 한다.'고 한다면 죽은 애완동물을 쓰레기처럼 버린 경험이 있는 아이는 무슨 생각을 할까요? 반성할 수도 있지만 다르게 생각할 수도 있습니다.

    더구나 경험이 아니라 성향이나 취향으로 인해 문제가 된다면, 이를테면 엉뚱한 상상력이 지나치거나 권위에 대한 저항이 강한 아이라면 '상상력'이나 학교나 도서관의 '통제'를 다룬 내용을 권할 때 더욱 조심스러울 수밖에 없습니다.

    우리는 너무나도 당연하게 생각해서 별로 의식하지 않는 가치나 문화, 판단 기준을 갖고 있습니다. 그리고 이것들이 개인이나 특정 집단에서 '정상'의 자리를 차지합니다. 그렇지만 '사회적 약자'나 또는 다른 경험이나 취향을 갖고 있는 아이 중에는 이런 '정상'이 두드러질 때 막연하게 불편함을 느끼는 사람들도 있을 것입니다. 그렇기 때문에 의식하지 못한 '정상'의 기준으로 그림책이나 그림책에 대한 아이들의 이야기를 판단하는 것이 아닌지 의심해야 합니다.

그림책에서 새로운 가능성 찾기

    아이와 그림책을 같이 보거나 권할 때 읽기의 목적, 그림책의 비중, 아이의 성향을 고려해야 할 뿐 아니라 '정상', 특히 어른의 기준으로 해석하는 것은 아닌지 유념해야 합니다. 그러려면 우선 아이의 모습을 살피면서 낯선 태도나 특이한 반응을 눈여겨보아야 하지요. 그리고 그림책 중 현실이나 상징을 다룬 책은 어려운 내용을 쉽게 풀어내는 만큼 소수일지라도 불편한 사람들이 있을 가능성이 높습니다. 이런 측면을 그림책에서 짚어낼 수 있어야 합니다. 그래서 평소에는 내 해석과 다르게, 낯설게 독해할 수 있다는 가능성을 받아들이고 이런 새로운 독해를 그림책 평이나 그림책 읽기 모임에서 적극적으로 찾아야 합니다.

2장에서 본격적으로 다룰 내용은 아이들과 함께 그림책을 읽으면서 아이들의 말이나 태도에서 힌트를 얻어 기존의 해석과는 다르게 독해한 사례들입니다. 주로 인간관계 또는 강자와 약자의 관계 측면에서 그림책을 다르게 읽고 있습니다. 크게 나누면 이야기, 강자, 약자, 사회 현실로 묶을 수 있습니다.

먼저 '이야기'를 살펴봅니다. 그림책의 주된 특징은 하나의 완결된 이야기라는 점입니다. 이야기에는 강자와 약자의 관계가 드러나는데 어른=강자의 형태로 이야기가 진행되고 있는 것은 아닌지 의문이 듭니다. 그림책이 어른들도 보는 책으로 확대되었기에 누구를 위한 것인가라는 의문을 제기할 순 없습니다. 그렇지만 겉보기엔 아이들을 위한 책인데, 세부 내용에선 아이들이 수동적인 위치에 놓여 있다면 곤란하지 않을까요?

또 현실을 뛰어넘는 상상력을 다룬 그림책이라는 평을 받고 있지만, 어른들의 사고틀이나 가치에 갇혀 있는 것 같아 불편한 책이 있습니다. 아이들이 가졌으면 하는 꿈이 '대중매체'에서 보여 주는 가상의 현실이라면, 또 하늘을 날아 신기한 모험을 하기보다 아빠를 도와주는 일을 하는 것뿐이라면 그 책을 좋아하지 않는 아이가 있을 수 있습니다.

또한 이야기는 살아있는 것처럼 널리 퍼지고 싶어 합니다. 그래서 이야기가 어떻게 세상에 널리 퍼졌는지 알려 주는 옛이야기는 조금씩 첨가되고 수정되고 창의적으로 변형되곤 하지요. 이때 어떤 기준으로 바뀌는지 살펴볼 필요가 있습니다. 어떤 아이들은 자기가 쓴 글을 조금이라도 고치면, 그것이 더 문맥에 맞더라도 기분 나빠합니다. 그런 아이라면 이야기가 전파되면서 변형되는 과정에 관심이 많을 것입니다.

이야기가 어떻게 변형되는지 알기 위해서는 어른 또는 어른의 권위가 어떻게 표현되는지 살펴보는 것이 좋습니다. 도서관 또는 책에 관한 그림책이 많이 있습니다. 그런데 어떤 책에는 책 읽는 모습보다 '규칙'이란 낱말이 많이 나옵니다. 또 학교에 관한 그림책인데 한 아이는 학교에서 배운 것보다 학교 밖에서 더

『에드와르도 세상에서 가장 못된 아이』, 존 버닝햄 지음, 비룡소

많이 배웠다고 합니다. 물론 교사가 그것을 수용한 것은 훌륭하지만 학교에서 배운 것이 없다는 점이 이상합니다. 그림책 속 사서와 교사에 대해 권위적이라고 부정적으로 느끼는 아이가 있지 않을까요?

앤서니 브라운의 그림책은 어른들과 아이들 모두 좋아합니다. 그런데 얼굴 표정이 자연스럽지 않아 보여 불편하다고 먼저 얘기하면, 몇몇 어른들은 자신도 그 작가를 좋아하지 않는다고 고백합니다. 그림책에 나오는 '가족 구조'나 '아빠 상'은 가부장의 역할을 회피하고 싶은 모습으로 해석할 수 있어 그럴 수도 있을 것입니다.

존 버닝햄은 좋아하는 작가인데 『에드와르도 세상에서 가장 못된 아이』는 좀처럼 해석이 되질 않아 곰곰이 따져 봤습니다. 말썽꾸러기 아이가 우연히 들은 칭찬 한 마디에 사랑스런 아이로 돌아오는데, '어른이 칭찬을 했다고 그렇게 쉽게 달라질까?' 하는 생각이 들었기 때문입니다.

그다음 '약자' 입장을 다룬 그림책입니다. 흑인, 장애인, 동물을 다뤘습니다. 아이들은 현실에서 부모나 교사에 비해 약

자의 위치에 있어 이런 책을 대체로 좋아할 것으로 기대하지만 싫어하는 아이들도 있습니다. 아마도 약자에게 능동적인 역할이 없어서 약자와 동일시하지 못해 그런 것이 아닐까 추측합니다. 예를 들어 앞에서 언급한 『무슨 벽일까?』에서 꼬마는 위험에서 벗어날 때 아무런 표현이나 행동을 하지 못합니다. 이런 점이 분명하게 눈에 들어오면 이 책을 싫어할 수도 있습니다.

흑인에 관한 그림책은 대개 미국에서 실제로 있었던 흑인 문제를 다룹니다. 그런데 같은 사건을 묘사한 책인데도 내용이 많이 다르게 나옵니다. 당시 역사를 알고 관련 자서전을 읽으면 더 분명히 알 수 있을 것입니다.

장애를 다룬 그림책은 앞에서 언급한 『일곱 마리 눈먼 생쥐』처럼 '정상'의 기준에서 보는 것이 많지 않은가 걱정됩니다. 이런 책들은 힘들게 성취하고 따뜻하게 공감하는 내용으로 읽을 수 있지만, 일부 아이에게는 '장애는 참 불쌍해.', '장애인은 참 못하는 게 많구나.'라는 편견을 심어 줄 수 있습니다. 그래서 나는 『내 친구는 시각장애인이에요』 같은 그림책을 좋아합니다. 이 책의 저자가 휠체어를 타고 살아가는 장애인이어서일까요?

『내 친구는 시각장애인이에요』, 프란츠 요제프 후아이니크 글, 베레나 발하우스 그림, 주니어김영사

동물에 대한 그림책, 동물원을 배경으로 쓴 책은 좀 답답합니다. 야생의 삶과 동물원의 삶을 바로 비교하는 것이어서 그렇지요. 이를 근본적인 비판이라고 볼 수 있지만 현실적인 한계를 받아들인다면 미래의 동물원 모습을 상상하는 것도 좋을 것입니다. 게다가 요즘은 우리나라의 동물원도 동물의 생태를 반영해서 환경을 바꾸고 있고, 외국에는 전시관보다 동물 보호시설 같은 관점으로 운영하는 곳도 있습니다.

　사회 현실을 다룬 다양한 그림책도 몇 가지를 살펴봤습니다. 먼저 전쟁입니다. 피해자의 입장에서 다룬 책은 전쟁의 참상을 알려 준다는 점에서 중요합니다. 하지만 아이들은 전쟁의 긍정적인 면을 이미 알고 있으므로 기대한 대로 흡수하지 않을 가능성이 높습니다. 책을 읽고 물어보면 원하는 대로 대답하겠지만 말입니다.

　또 '타인의 고통에 공감하라.'는 가치는 우리 시대의 중요한 가치 중 하나입니다. 대등하지 않은 상대를 불쌍하게 여기는 '연민'과 대등한 상대의 다른 생각을 틀리지 않다고 느끼는 '공감'은 차원이 다릅니다. 몇몇 그림책들은 그런 경계에 있거나 둘을 구별하지 못한 채 공감한다고 착각하는 것은 아닌지 염려가 됩니다.

　마지막으로 아이들 입장에서 '현실'이 무엇일까 고민해 봤습니다. 바로 '아이다움'을 어떻게 볼 것인가 하는 점입니다. 교육에서 또 대부분의 문학에서 어린 시절은 어른이 되기 위한 준비 단계라는 시각이 강합니다. 하지만 반딧불이 애벌레가 성충의 전단계가 아니라 주변 환경에 적응하기 위한 존재로 볼 수 있듯이 어쩌면 아이의 삶도 두 가지를 다 고려해야 하지 않을까요? 준비 단계이면서 지금 모습 그대로 영위하는 삶. 이렇게 보면 아이의 삶은 다르게 보일 것입니다.

2장

그림책 다르게, 낯설게 읽기

아이들을 위한 책, 어른들을 위한 책

『내 이름은 자가주』
퀸틴 블레이크 지음, 마루벌

『언제까지나 너를 사랑해』
로버트 먼치 글, 안토니 루이스 그림, 북뱅크

『아빠, 나 사랑해요?』
스티븐 마이클 킹 지음, 국민서관

그림책은 당연히 아이들이 읽는 책입니다. 그런데 '누구의 시각으로 세상을 보는가' 하고 물어보는 까닭은 누구의 입장에서 쓰였는가를 생각해 봐야 하기 때문입니다. 주인공이 아이라고 해도 화자가 누구인가, 또는 숨어 있는 시선이 누구인가에 따라 읽는 사람은 다른 해석을 하게 됩니다. 『내 이름은 자가주』와 『언제까지나 너를 사랑해』, 그리고 『아빠, 나 사랑해요?』를 예로 들어 살펴봅시다.

아이들이 좋아하는 책, 어른들이 좋아하는 책

『내 이름은 자가주』는 퀸틴 블레이크가 글을 쓰고 그림을 그렸습니다. 퀸틴 블레이크는 로알드 달의 동화에 삽화를 그린 사람으로 잘 알려져 있습니다. 아이들도 로알드 달의 동화를 좋아하기 때문에 퀸틴 블레이크를 잘 알지요.

책 소개를 보면 "기저귀를 찬 아기가 걷고 뛰고 청소년기를 거쳐서 성인이 되기까지 성장과정을 동물에 비유하여 재미있고 유쾌하게 그려낸 그림책"이라고 하면서 아이와 어른이 같이 볼 수 있는 완성도 높은 그림책이라고 소개합니다.

『내 이름은 자가주』는 옛날 얘기처럼 '옛날 옛적에'로 시작합니다. 행복한 부부는 어느 날 아기가 담긴 소포를 받습니다. 아기는 사랑스러웠지요. 그런데 아기가 자라서 새끼 대머리독

수리로 변해 끔찍한 울음소리를 냅니다. 다음에는 새끼 코끼리로 변해 가구들을 밀쳐 쓰러뜨리고, 다음에는 멧돼지로 변해 집 안이 온통 흙투성이가 되고 새끼 용으로 변해 양탄자를 태우기도 하지요. 부모는 어찌할 바를 모릅니다. 어느 날 아침에는 낯선 털북숭이로 변했는데 점점 더 커지다가 갑자기 말끔한 청년이 되어 식사를 차립니다. 그리고 예쁜 아가씨와 결혼하겠다고 말씀드리려고 부모를 찾아갔는데 이번에는 부모가 커다란 펠리컨으로 변해 부리를 딱딱거리며 좋아합니다.

이 책을 읽은 독자평을 보면 '0세부터 100까지 모든 연령대가 같이 즐길 수 있다는 말이 와 닿는다.'는 의견이 있습니다. 아기는 악을 쓰며 울어대는 새끼 대머리독수리 같기도, 물건을 다 부수고 다니는 코끼리처럼 보이기도 했을 테지요. 그런데 몇몇 아이들이 이 책을 싫어한다고 합니다. 이유를 물어보면 '털북숭이가 싫다'고 말합니다. 그러면 우리는 이렇게 생각하지요.

'아, 이상하게 생긴 털북숭이와 동일시하기 싫다는 말이구나.'

나중엔 말끔한 청년으로 바뀐다고 설득하면서 계속 읽어주는 분도 있고, 정 싫어하면 권하지 않는 부모도 있다고 합니다.

비슷한 책이 또 있습니다. 『언제까지나 너를 사랑해』는 로버트 먼치가 쓴 책입니다. 세상 빛을 보지 못하고 떠난 두 아이를 기리기 위해 노래를 만들고 이를 바탕으로 이야기를 만들었다고 합니다.

어머니는 갓 태어난 아기를 안고 노래를 불러 줍니다. 아이는 자라서 책을 흐트러뜨리고, 냉장고 음식을 다 쏟아 버리고, 시계를 변기에 넣고 물을 내려 버려서 어머니는 "내가 미칠 것 같아." 하고 말합니다. 아들이 점점 자라서 이런 저런 말썽을 부려도 자는 모습을 보며 노래를 부릅니다. 아들이 집을 떠난 뒤 어머니는 아들을 찾아가서 잠든 모습을 보며 노래를 부릅니다. 그러다 어머니가 늙자 아들은 어머니를 찾아와서 두 팔로 감싸 안고 노래를 부릅니다. 그런 다음 아들은 자기 아기에게도 노래를 불러 줍니다.

이 그림책은 캐나다에서 1988년에만 100만 부의 판매 기록을 올렸고, 미국에서도 베스트셀러 자리를 차지하며 800만 부나 팔렸다고 합니다. 그런데 출간과 관련해 작가가 말하길, 같이 일했던 출판사 편집자가 이 책은 아이들을 위한 책이 아니라고 거절해서 그는 다른 출판사를 찾아갔다고 합니다. 나중에 책이 출판되고 편집자는 이 책이 유치원이나 초등학교가 아닌, 양로원에 더 많이 팔렸다고 말했답니다. 그래서 얻은 결론으로 '이 책은 어른들이 어른들을 위해서 샀다.'는 생각이 들었다고요. 실제로 어른들이 나이가 들어 자신의 삶을 통시적으로 돌아보면서 아이가 말썽을 부려도 결국 사랑했다고 스스로 위안을 삼기에 적절한 책이지요. 이왕이면 손자에게 읽어 주거나.

그렇습니다. 이 책은 어른들의 책입니다. 『내 이름은 자가주』 역시 그렇습니다. 어른들이 아이들을 바라보면서 생각하고 고민하는 것을 그린 그림책입니다.

아이는 아빠와 놀고 싶다

『아빠, 나 사랑해요?』의 원 제목은 '상자를 사랑한 남자(The man who loved boxes)'입니다. 늘 말이 없는 아빠는 아들을 사랑하지만 표현할 줄 모릅니다. 아빠는 종이상자를 좋아합니다. 그래서 그 상자로 성을 만들고, 비행기를 만들고, 다른 아이들과 함께 놀도록 다른 여러 가지 상자를 만들지요. 주변 사람들이 손가락질해도 아빠와 아들은 상자 연을 날리며 아무렇지도 않습니다. 아빠는 남다른 방법으로 아들과 마음을 나눌 수 있었으니까요. 그리고 맨 마지막 아빠의 대사에서 '아빠는 이렇게 너를 사랑한단다!'라고 끝이 납니다.

한글 번역본의 제목은 아들이 아빠에게 하는 질문입니다.

자신을 정말 사랑하는지 의심하며 묻는 듯한 뉘앙스이지요. 이 제목은 마지막 대사와 연결하면 다르게 볼 수 있습니다. 아이가 엄마한테 '아빠가 정말 날 사랑해요?'라고 묻는 것으로요. 그러면 엄마는 아이를 설득하겠지요. 아빠는 아빠 방식으로, 남들이 놀릴지 몰라도, 남다른 방법으로 너를 사랑한다고 말할 겁니다.

"아빠는 말 표현이 서툴러. 그리고 종이상자만 좋아해. 어떡하니? 네가 이해하렴. 그래도 종이 상자로 이렇게 저렇게 놀 수 있잖아. 아들, 아빠 좋아하지? 네가 아빠한테 맞춰야지. 안 그러면 아빠랑 놀 수 없고 사랑을 받지 못해."

마치 이렇게 말하는 듯합니다.

물론 아이들은 아빠와 상자로 노는 것을 좋아할 수 있습니다. 그리고 혼자서, 또는 다른 사람과 다른 놀이를 하면 되지요. 아빠의 폭력이나 무관심을 다룬 그림책과 비교하거나 아빠와의 관계를 다룬 많은 그림책 중 하나로 읽는다면, 특히 이 책의 내용은 오히려 부러워할 만한 것이지요. "아빠에게 이 책을 읽어 드리고 '말로 안 할 거면 놀아주세요!' 했더니 그냥 말로 대충 '사랑해!' 하고 들어가 버렸어요. 어떤 방법이 있을까요?" 하고 쓴 아이도 있습니다.

그렇지만 다르게 해석할 수 있습니다. 아빠는 아빠만의 삶의 방식이 있겠지만 자신이 좋아하는 것으로만 자녀를 사랑하겠다는 건 사랑이라고 보기 어렵지 않을까요? 상대가 좋아하는 것을 무시하고 자신의 방식대로만 사랑하고, 상대가 희생하도록 하는 것은 좋은 관계라 볼 수 없을 겁니다. 부부나 사랑하는 사이라면 갈등 관계가 심해질지 모르지만 부모 자식 관계는 힘의 차이 때문에 갈등이 드러나지 않습니다. 더구나 아들이 아빠를 좋아한다면 아들은 자신의 욕구를 포기하고 아빠와 놀기 위해 아빠가 좋아하는 것을 좋아해야 합니다. 그러면서 그것이 아빠가 자신을 사랑하는 행동이라고 받아들여야 하고 엄마한테 끊임없이 설득당해야 합니다.

어른의 입장에서 아이를 바라보는 그림책은 아이가 어른의 욕구를 모방하고 이를 중시하게 됩니다. 확대 해석하면 약자가 강자의 시선으로 자신을 바라보는 것과 같습니다. 자신을 주체가 아닌 대상으로 바라보고 타인의 입장에서 세상을 바라보는 시각을 배우게 됩니다.

아이의 입장에서 세상 바라보기

아이들이 고민하고 생각하는 내용을 담으려면 『어른들은 왜 그래?』 같은 책이 되어야 합니다. 어른들은 아이들이 행복하길 바

『**어른들은 왜 그래?**』, 윌리엄 스타이그 지음, 비룡소

라지만 아이들을 혼낸다는 문장이 나오지요. 부모는 아이들을 키우면서 아이들의 변화에 대해 울고, 웃고, 절망하고 기뻐합니다. 세상 모든 부모들이 이런 책에 쉽게 공감할 정도로 자녀 양육은 상당히 비슷합니다. 갓난아이를 키우는 젊은 부모나 이미 독립시킨 늙은 부모나 다 같습니다.

그렇지만 이 그림책을 듣거나 읽을 나이의 아이라면 대략 3살부터 8살 정도일 텐데, 그 나이의 입장에서 보면 '내 부모는 다른 부모와 다르고, 어른은 항상 어른'일 것입니다. 아이들이 궁금해 하고 이해하지 못하는 것은 아이들의 변화가 아니라 어른들의 변화이고 그것도 시간적 변화가 아니라 내용적 변화(아이들 사고 수준에서는 아마도 '변덕')일 것입니다. 같은 행동에 대해 다른 부모와 달리 내 부모는 혼을 내는데, 어느 때 예뻐하고 어느 때 혼내는지 도무지 이해를 하지 못합니다. 어떤 아이는 이를 이렇게 받아들이지요. '계모가 순간 이동했다'고.

아이들은 자신의 입장에서 세상을 바라보는 것이 중요합니다. 너무 일찍 타인의 시각으로, 설령 그 타인이 자기 부모일지라도 어른들의 문제에 관심을 갖게 된다면 정체성이 형성되기도 전에 자신의 욕구를 억누르거나 남의 눈치를 보게 될 수도 있습니다.

부모는 아이의 말썽을 비난하고 혼을 내면서도 '인생이 굉장하다'거나 '그래도 너를 사랑한다'고 말할 수 있습니다. 여기에는 통시적으로 생각할 수 있는 많은 경험이나 높은 인지능력이 필요합니다. 그러나 아이들은 그렇지 못하기 때문에 이 말을 '이중 메시지'로 들을 가능성이 높습니다. 언제는 '너 때문에 못 살아' 하다가도 언제는 '언제까지나 너를 사랑해' 한다면 말입니다.

더구나 『언제까지나 너를 사랑해』의 마지막에는 아이가 커서 늙은 부모를 사랑한다는 구절이 나옵니다. 부모에게 사랑받는 것으로 충분한 아이에게 나중에 부모를 사랑하고 봉양해야 한다고 얘기하는 것은 아닌가 하는 생각이 듭니다. 마치 '지금 내가 너를 사랑하는 것은 반대급부가 있는 것'이라는 전제가 깔린 듯한 기분마저 듭니다. 책을 읽고 한 아이는 이렇게 썼습니다.

"이 책을 읽고 부모님이 나를 사랑한다는 것을 알고 나도 부모님을 더 사랑해야겠다는 생각이 들었다. 그리고 부모님이 날 사랑하지 않는다고 느낄 때도 사실은 사랑한다는 것을 알고 더 효도하는 모습으로 변하자!"

초등학교 3학년 아이라 이런 생각이 가능할 까요?

그림책은 아이들이 읽고 듣는 책입니다. 아이들 시각에서 세상을 보고 아이들 입장에서 주변을 관찰해야 합니다. 하지만 때로 작가들은 자신에게서 이야기를 찾다 보니 아이들을 빨리 성숙시키고 싶은 욕구가 담기는지도 모릅니다. 아이들에게 어른들의 문제를 이해하게 하고 싶고, 남을 이해하고 배려할 줄 아는 아이로 키우고 싶고, 다른 시선으로 세상을 볼 수 있는 아이로 가르치고 싶은 어른들의 욕구 말입니다.

그런 욕구 이전에 아이들은 아이들 시각으로 세상을 바라볼 수 있는 기회나 환경을 제공해야 합니다. 어른이 좋아하는 내용으로, 어른들의 방식으로, 어른들의 시선으로 사랑하는 것이 아니라 아이들에게 자신들의 고민과 삶에 대해 생각할 기회를 주어야 합니다.

『내 이름은 자가주』는 발상이나 그림이 재미있어서 아이들에게 자주 권하지만 어른인 내가 좋아하는 책이라 너희는 좋아하지 않을 수 있다는 단서를 꼭 붙입니다. 그러면서 『어른들은 왜 그래?』라는 책도 함께 권합니다.

현실을 뛰어넘는 상상력

『빈터의 서커스』
찰스 키핑 지음, 사계절

『구름빵』
백희나 지음, 한솔수북

셸 실버스타인의 『아낌없이 주는 나무』나 권정생의 『강아지 똥』 같은 그림책은 아이들도 좋아하고 어른들도 좋아합니다. 『아낌없이 주는 나무』를 나무 입장에서 보면, 아낌없이 주고 행복하다는 말이 불편하기도 합니다. 하지만 아이들은 받는 입장에서 이 책을 볼 것입니다. 또 인위적인 것이 아닌, 자연적인 것에 의해 보호받고 의지할 대상이 있다는 점에서 안심할 것입니다. 『강아지 똥』도 준 것을 다시 돌려받지 않아도 좋다는 느낌을 줍니다. 그리고 꽃을 피우기 위한 것일 뿐 어떤 가치에 의해 제한되지 않습니다. 두 권 다 자연 그대로를 통찰한 것인데 마치 깊은 상상력으로 묘사한 듯한 느낌을 줍니다. 이런 것을 꿈꾸는 것도 마음이 깨끗해야만 가능할 듯합니다.

그렇다면 찰스 키핑의 『빈터의 서커스』와 백희나의 『구름빵』에 나오는 꿈과 상상력은 어떤 모양일까요?

빈터에서 꿈을 보는 아이

『빈터의 서커스』는 색채 대비가 뚜렷합니다. 두 아이가 빈터에서 공을 차고 노는 모습은 '칙칙한' 회색빛으로 그리고 서커스 공연은 '화려한' 노랑, 빨강, 파란빛으로 그렸습니다. 책 소개에 따르면 이 책은 '도시의 황량한 빈터와

『아낌없이 주는 나무』, 셸 실버스타인 지음, 시공주니어
『강아지 똥』, 권정생 글, 정승각 그림, 길벗어린이

그곳에 찾아온 서커스를 통하여 희망을 찾거나 현실에 눈뜨는 아이들의 모습을 그린 작품'이라고 합니다. 잿빛 현실과 무지갯빛 꿈 사이를 오가는 아이들의 내면을 색의 대비를 통해 아름답게 묘사했다고 하지요. 이 책의 마지막 내용을 보면 서커스단이 떠나고 빈터는 텅 비었지만 스콧은 '오랫동안 서커스를 기억할 것이다. 스콧의 마음속 빈터는 무슨 일이든 일어날 수 있는 곳이 되었다.'고 합니다. 그러면서 친구 웨인은 잿빛으로, 스콧은 무지갯빛으로 표현합니다.

그림책 작가뿐 아니라 많은 독자들이 쓸쓸함 속에서 꿈을 보는 아이와 그렇지 않은 아이의 구분에 동조하면서 꿈을 보는 아이에게 마음이 쏠립니다. 아이들도 스콧 편을 듭니다.

그런데 아이들의 놀이와 서커스의 쇼를 같은 차원에서 비교하고 선택하라고 할 수 있을까요? 아이들에게 빈터에서 노는 것과 서커스를 구경하는 것 각각의 특징을 물어보니 재미있는 대답이 나옵니다.

"우리끼리 놀 때는 방해하는 사람도 없어 비밀 얘기도 하고 친구들과 사이가 좋아져요. 대신 별로 할 일이 없어서 평범하고 심심하겠죠. 그런데 서커스를 구경할 때에는 심심하지 않고 신기한 것이 많아 놀랍기도 하고 힘들지도 않을 거예요. 단지 자유롭게 놀지 못하고, 돈이 들고, 친구들과 말이 적어져서 사이가 멀어질 수 있고, 구경만 해서 지겨울 수 있을 것 같아요."

아이들에게 빈터의 의미

아이들이 서커스 쇼의 단점을 말한 것은 의외였습니다. 어른들은 대체로 빈터에서 서커스 같은 환상을 꿈꾸는 아이들을 좋게 봅니다. 아마도 아이들이 비참한 현실보다는 아름다운 꿈을 보기를 바라기 때문일 것입니다. 텔레비전 뉴스나 영화에 나오는 우울한, 또는 끔찍한 장면들을 아이들에게 보여 주고 싶지 않은 마음과 비슷하다고 할 수 있죠.

하지만 아이들은 알고 있습니다. 컴퓨터 게임 등을 통해 잔인한 장면에 익숙하고 친구와의 경쟁으로 피곤해 하면서 이미 현실이 힘들다는 것을 알지요. 서커스 역시 달콤한 꿈은 아닙니다. 돈이 들고, 친구와 멀어지게 되고, 구경만 해서 지겨울 수 있습니다. 아이들끼리 놀 때는 스스로 규칙을 만들거나 바꾸고, 상상력을 맘껏 발휘할 수 있지만 스포츠 경기나 게임, 쇼 등은 이미 규칙이 정해져 있어 그저 구경만 해야 합니다. 그래서 아이들은 서커스는 화려하고 흥미롭지만 친구들과 놀 때처럼 자유롭지는 않다고 느끼는 듯합니다.

요즘 아이들에게 서커스는 텔레비전 쇼, 컴퓨터 게임, SNS

등입니다. 대중매체나 상업화된 문화산업에서는 자신들이 만든 가상현실에 참여하라고 유혹합니다. 눈과 손가락만으로 재미있게, 의미 있게 느끼도록 해 준다고 광고합니다. 요즘 아이들에게 스마트폰이 없는 시간이나 공간은 무의미하고 재미없는 '빈터'라고 볼 수 있습니다.

놀이터에 나가도 함께 놀 친구들이 없으니 놀이도 돈을 내고 체험 학습으로 배웁니다. 운동도 야구나 축구 등 숨은 재능이 발휘되어 진로로 이어질 가능성이 있는 것을 배우게 합니다. 아이가 방안에 혼자 있으면 게으름을 피운다고 하고, 친구들끼리 거리를 쏘다니면 쓸데없이 시간을 보낸다고 잔소리합니다. 그러면서 즉각 효과가 나타나는 생산적인 일을 하라고 재촉합니다.

아이도, 부모도 '빈터' 즉 쉼이나 여유를 견뎌내지 못합니다. 뭔가 창의적으로 만들어내지 못하면 소극적으로라도 참여해야 합니다. 최소한 뭔가를 보기라도 해야 합니다. 그리고 대부분 보는 것으로 끝나지요.

빈터는 비어 있지 않다

아이나 부모가 빈터를 참지 못하는 이유는 아마도 빈터에서 아무 것도 보지 못하기 때문입니다. 이호철이 쓴 『재미있는 숙제 신나는 아이들』을 보면 5학년 아이가 쓴 '빈 밭'이라는 시가 나옵니다. 이 시에서는 빈 밭에 콩줄기만 남았다며 곡식이 없어도 달래, 고들빼기가 아직도 많다고 합니다. 그리고 마늘을 심으면 싹이 나니 빈 밭은 없다는 것이지요. 실제로 빈터는 없습니다. 서커스는 언제나 빈터에 찾아온다고 하는데 빈터에 오는 것이 아니라 빈터라고 단정하고 오는 것입니다. 비어 있는 의미 없는 공간에서 서커스를 공연한다는 것이지요.

아스트리드 린드그렌이 쓴 『소년 탐정 칼레』를 보면 세 아이들이 뒷마당에서 서커스 공연을 합니다. 구경꾼은 동네 아이들과 부모뿐이지요. 아이들은 '대평원의 살인사건'에 말려드는데, 대평원 역시 '마을 변두리에 있는 넓은 공터'입니다. 그들은 유럽의 30년 전쟁을 흉내 내면서 전쟁놀이를 하는데 고작 3명씩 편을 나눠 6명이 싸움을 합니다. '성상'을 빼앗는 놀이를 할 때 '성상'은 기묘하게 생긴 돌멩이입니다. 이런 놀이를 서커스 공연과 비교하면 초라하겠지요. 하지만 어른들이 규칙을 만들고 틀을 정한 놀이가 아니기 때문에 아이들은 재미있게 놉니다. 빈터라고 생각한 공간이 아이들에게는 빈터가 아닌 셈이지요.

다르게 접근해 볼까요? 유럽인은 아메리카를 최초로 발견했다면서 그곳을 '빈터'

『소년 탐정 칼레』, 아스트리드 린드그렌 지음, 논장

라고 규정했습니다. 그곳에 살고 있는 원주민과 그들의 문화를 전혀 인정하지 않았지요. 정복자들은 빈터라고 우깁니다. 인디언뿐 아니라 들소와 늑대, 연어 등을 죽이고 이들의 삶의 터전을 빈터로 만들었습니다.

학교나 대중매체는 아이들을 '빈터'로 간주합니다. 학교 교육은 많은 아이들을 보편적인 교육으로 지도해야 하기 때문에 아이들 각각의 조건과 상황을 구체적으로 살필 수 없습니다. 디지털 매체는 영상과 속도, 색채 등의 기술을 앞세워 가상현실에 들어오라고 손짓하지요. 현실이 '빈터'가 아니라는 것을 인식하지 못한다면 현실은 쓸쓸할 것입니다.

유쾌한 발상과 설레는 모험

『빈터의 서커스』는 꿈을 가능성으로 마무리하고 있습니다. '무슨 일이든 일어날 수 있는 곳'으로 이런 꿈을 실현시킨 그림책이 있습니다. 바로 『구름빵』입니다. 백희나 작가는 2005 볼로냐 국제어린이도서전에서 '올해의 일러스트레이터' 상을 받고, 2020년에는 아스트리드 린드그렌상을 받았습니다. 『구름빵』은 일본, 대만, 프랑스, 중국, 독일, 노르웨이 등에서 출간되었고, 애니메이션 시리즈로도 만들어져 그림책으로 보기 드물게 큰 성공을 거둔 책입니다.

구름으로 빵을 만든다는 발상이 신선해서 많은 사람들이 『구름빵』을 좋아합니다. 비만 오면 우울증에 시달린다는 한 독자는 '우울의 조각을 떼어내 우울빵을 만들어 먹으면 나의 우울도 사라질 것'이라고 기대합니다. 유쾌한 상상입니다. 이 책에서 어른들이 재미있게 여기는 것은 구름으로 빵을 만든다는 발상입니다. 게다가 빵을 만드는 사람이 엄마이지요. 엄마는 아이가 가져온 구름에 우유와 물을 부어 반죽을 만들고 오븐에 굽습니다. 빵을 만드는 과정이 자세하게 나오지요.

아이들은 구름빵을 먹고 날아가는 장면을 좋아합니다. 하늘을 나는 것은 아이들에게 원초적인 소망이라고 할 수 있을 만큼 설레는 일이지요. 이제 뭔가 꿈을 펼칠 수 있습니다. 직접 날 수 있으니까요.

동화에는 하늘을 나는 내용이 종종 나옵니다. 『메리 포핀스』에서는 재미있는 일을 생각하기만 해도 풍선처럼 몸이 떠오릅니다. '웃음 가스'가 생긴다고 하지요. 『요술 손가락』에서는 오리 사냥을 하고 자고 일어나니 팔이 날개로 변했습니다. 반쯤 오리로 변한 것이지요. 부모는 걱정하지만 아이들은 신이 나서 하늘로 날아갑니다. 『까마귀 알퐁스』에서 까마귀는 인간인 마

『메리 포핀스』, 파멜라 린든 트래버스 글, 메리 쉐퍼드 그림, 시공주니어
『요술 손가락』, 로알드 달 글, 퀀틴 블레이크 그림, 열린어린이
『까마귀 알퐁스』, 에르빈 모저 지음, 계림북스쿨

법사가 되고, 마법사는 까마귀가 되어 하늘로 날아오르지요. 『구름빵』에서는 구름빵을 먹고 두둥실 떠오릅니다. 아이들은 하늘을 날아 밥을 못 먹고 출근한 아빠를 찾습니다. 아빠한테 빵을 건네주고 아빠 역시 날아서 회사에 늦지 않게 도착합니다. 인물과 배경을 직접 만들어 사진으로 찍은 '빛그림'에 감탄을 하다가 부모를 생각하는 따뜻한 마음이 드러나는 이 장면에서 또 감동을 받습니다.

그리고 집으로 돌아와서 지붕 위에 살짝 내려앉습니다. 그런 다음 배고픈 동생에게 구름빵을 하나 더 먹을까 하고 묻지요. 자, 구름빵을 먹었으니 다시 날아오를까요? 하지만 구름을 바라보며 먹는 구름빵이 맛있다는 내용으로 끝이 납니다.

지극히 현실적인 아이들의 상상력

『구름빵』에서 허둥지둥 회사로 뛰어가는 아빠 모습은 두 페이지에 걸쳐 크게 그려져 느낌이 강렬합니다. 오른쪽에는 아빠가 배고플까 걱정하는 엄마의 모습이 작게 나옵니다. 아빠도, 엄마도 결코 빵을 갖다달라거나 갖다주라고 하지 않았습니다. 아이들이 자발적으로 생각하고 실천했지요. 이 책을 추천하는 사람들은 '아이들의 따뜻한 마음을 느낄 수 있다, 가족애를 느낄 수 있다'고 종종 말합니다. 아빠를 걱정하는,

놀랍도록 착한 아이들이죠.

그런데 이런 생각이 들었습니다. '만약 구름빵을 먹고 몸이 둥실 떠올랐다면 뭘 했을까?' 평소에 엄두도 못 내던 일을 해 볼 것 같습니다. 난다는 것은 보통 대단한 일이 아니지요. 엄청난 모험을 품고 있는 일입니다. 그런데 『구름빵』에서 두 아이는 하늘을 날아서 아빠한테 빵을 갖다준다니, 도덕을 넘어서는 것이 아니라 도덕에 갇힌, 모험이 일상에 갇혀 있는 느낌입니다.

요즘 아이들에게 날 수 있다면 무엇을 하고 싶냐고 물으니 예상과는 달랐습니다. '너무 위로 올라가서 해에 타죽을 것이다.', '하늘에 있는 모든 것을 보고 인사하고 싶다.', '일단 날아가서 세상을 돌아다니고, 우주까지 가고 싶다.', 또는 '미국, 호주, 유럽에 여행 가고 싶다.'고 쓴 아이도 있습니다. 그런데 지극히 현실적인 아이도 있습니다.

"학원이나 학교에 늦었거나 준비물 등을 안 가져왔을 때 집에 (빨리) 가고 싶어요."

요즘 아이들은 직접 모험하는 것은 두려워합니다. 가상현실에서 사람 죽이는 건 예사로 하면서 동화에서 도둑 잡는 일도 '위험하게 왜 하냐'고 반문합니다. 아이들이 하늘을 난다면 로봇 태권브이처럼 지구를 지키거나 『스탠리와 요술램프』에 나오는 아서처럼 정의를 지킨다고 생각했는데 그게 아니었습니다. 능력이 생긴 만큼 더 신기한 걸 할 수 있지 않을까 생각했는데 말입니다.

『스탠리와 요술램프』, 제프 브라운 글, 설은영 그림, 시공주니어

『구름빵』을 보면서도 두 아이가 아빠에게 빵을 준 다음에 자기들이 하고 싶은 모험을 한다는 식으로 열린 결말을 보여 줬다면 어땠을까 상상해 보았습니다. '아빠의 출근을 도와드리자'라는 뮤지컬 홍보 문구처럼 하늘을 날아서 아빠의 출근을 도와야 하는 걸로 마무리되는 건 많이 아쉬웠습니다.

현실을 뒤집고 기대를 뛰어넘는 꿈을 꾸려면

대중매체는 자신들이 만든 광고, 가상현실을 제외하고는 현실에서 재미있는 일은 없다는 듯이 홍보합니다. 그래서인지 아이들의 꿈과 상상력은 대중매체가 요구하는 틀에서 벗어나지 못합니다. 부모도 알게 모르게 아이들이 착한 아이로 성장하기를 바라지요. 특히 부모를 공경하는 아이로요. 그래서 아이들의 상상력은 부모의 삶 주변에서 떠나지 못합니다.

어떤 독자는 『빈터의 서커스』의 스콧과 웨인을 '꿈을 보는 아이'와 '꿈을 보지 않는 아이'로 나누면서 후자는 '현실을 보는 아이'로 규정합니다. 하지만 두 아이 모두 현실에 갇혀 꿈을

펼치지 못합니다. 꿈을 펼치려면 현실을 못 보는 아이가 아니라 현실의 이면을 볼 수 있어야 합니다.

'빈터'에서 생명을 보는 아이는 현실을 직시하는 아이이고, 빈터에서 어른 흉내를 내는 아이는 허상을 보는 아이입니다. 자신의 삶과 분리된 꿈을 상상하는 아이는 스스로 꿈을 펼치지 못합니다. 단지 어른들이 만들어 놓은, 디지털 매체가 만든 세계에서 높은 수준에 도달할 수 있을 뿐입니다. 자신의 현실을 바로 보고 꿈꿀 수 있어야 합니다. 꿈은 일상을 벗어나는 것입니다. 그러므로 현실의 표면에서 보이지 않는 것을 상상해야 가능합니다.

직접 서커스를 만들어 보면 어떨까요? 아이들과 엄마가 동시에 날아올라 엄마는 아빠에게 빵을 전해 주고, 아이들은 새로운 세계로, 지구 밖으로 날아가면 어떨까요? 하늘을 날아 어디론가 떠나면 날기 전에는 몰랐던 세상을 탐험해야 합니다. 설사 위험 부담이 있더라도 말입니다. 꿈은 위험을 감수해야 펼칠 수 있습니다. 가상현실이나 어른들이 만들어 놓은 꿈이 아니라 아이들이 꿈꾸는 상상은 현실을 뒤집어야 하고 어른들의 기대를 뛰어넘어야 합니다. 그래야 아이들은 꿈을 펼칠 수 있습니다.

이야기는
어떻게 퍼져 나가나?

『이야기 주머니 이야기』
이억배 지음, 보림

『이야기 이야기』
게일 헤일리 지음, 보림

『생각을 모으는 사람』
모니카 페트 글, 안토니 보라틴스키 그림, 풀빛

『오필리아의 그림자 극장』
미하엘 엔데 글, 프리드리히 헤헬만 그림, 베틀북

인터넷 덕분에 요즘엔 어떤 생각이나 이야기가 손쉽게, 빠르게 주변 사람들에게 퍼집니다. 더구나 별다른 흔적 없이 내용이 바뀝니다. 쉽게 바뀌고 빠르게 전달할 수 있다고 생각하면 즐겁지만 누가 어떻게 바꾸었는지 알 수 없으니 왠지 무섭기도 합니다.

예전엔 이야기나 생각이 어떻게 퍼졌을까요? 어떤 사람이, 왜 그리고 어떻게 바꾸고 퍼뜨렸을까요? 대체로 이야기꾼이나 장돌뱅이들이 마을을 돌아다니면서 이야기를 퍼뜨렸을 것입니다. '신데렐라' 같은 이야기는 어느 한곳에서 전 세계로 퍼졌는데, 무려 천 편 정도 존재한다고 합니다. 살아가는 모습이 비슷하니 비슷한 이야기들이 생겨나기도 했겠지요. 또는 근대 초기에 민담 연구가들이 이야기를 수집했는데 아이들에게 교훈을 주려고 바꾸기도 했을 것입니다.

우리는 아이들에게 이야기나 생각을 누가 어떻게 바꾸고 퍼뜨린다고 가르치고 있을까요? 몇몇 그림책만 보아도 여러 입장이 나타납니다. 우리나라에서 전해 내려오는 옛이야기를 새롭게 그린 『이야기 주머니 이야기』와 아프리카의 옛이야기인 『이야기 이야기』, 『생각을 모으는 사람』과 『오필리아의 그림자 극장』을 통해 살펴봅니다.

생각을 모으고 퍼뜨리는 사람

『행복한 청소부』를 통해 우리나라에 널리 알려진 모니카 페트가 쓴 『생각을 모으는 사람』은 어린 아이들에게 '생각'이라는 추상적인 관념을 사물화해 전달하고 있어 상상력이 놀랍다는 평을 듣습니다. 물론 그림도 '생각'을 기발하게 표현했지요.

줄거리는 간단합니다. 부루퉁 씨는 생각을 모으는 아저씨인데 남의 눈에 띄지 않게 일을 합니다. 그는 거리를 돌아다니며 '예쁜 생각, 미운 생각, 즐거운 생각, 슬픈 생각, 슬기로운 생각, 어리석은 생각, 시끄러운 생각, 조용한 생각, 긴 생각, 짧은 생각' 등을 모읍니다. 아저씨에겐 모든 생각이 다 중요합니다. 물론 아저씨가 좋아하지 않는 생각도 있지만 다른 생각들이 마음을 다칠까 봐 내색을 하지 않습니다.

생각을 열심히 모아 배낭이 불룩해지면, 아저씨는 집으로 돌아와 생각들을 'ㄱㄴㄷ' 순으로 챙겨서 정리한 다음 선반에 두 시간 가량 푹 쉬게 놓아둡니다. 그러면 생각들이 잘 익은 과일처럼 즙이 많아지고, 그것을 화단에 정성껏 심지요. 다음 날 아침에는 생각들이 꽃으로 피어나고 날이 밝으면 아주 작은 알갱이가 되어 바람에 실려 날아갑니다. 하늘 위로 떠다니다가 다

『**행복한 청소부**』, 모니카 페트 글, 안토니 보라틴스키 그림, 풀빛

양한 사람들에게 천천히 내려앉아 새로운 생각으로 자라나지요.

부루퉁 씨처럼 생각을 모으는 사람이 없다면 계속 생각이 되풀이되다가 완전히 사라질지도 모른다고 합니다. 그러니 생각을 모으는 사람은 매우 중요합니다.

『생각을 모으는 사람』을 읽고 궁금해졌습니다. '생각이 어떻게 변화되고, 전파되고 있을까?', '생각을 모으는 이 사람이 누구지?' 하고 말입니다. 생각을 모으는 사람이 없으면 생각은 언젠가 사라질 거라고 말하는데, 이렇게 중요한 사람은 과연 누구일지 무척 궁금합니다.

아프리카의 옛이야기인 『이야기 이야기』는 전혀 다른 관점을 보여 줍니다. 옛날에는 세상에 이야기가 하나도 없었고, 하느님인 니야메가 모든 이야기를 황금 상자 안에 넣어 옥좌 옆에 두었다고 합니다. 그런데 거미 인간 아난스가 하느님이 요구하는 보물을 구해 주고 황금 상자를 땅으로 가져와 상자를 열자 모든 이야기가 세상 구석구석까지 흩어졌다고 합니다. 하느님이 독점하고 있는 이야기를 한 사람이 해방시킨 것이지요.

우리나라 옛이야기는 또 다릅니다. 이억배가 그리고 쓴 『이야기 주머니 이야기』에 따르면, 옛날에 이야기를 좋아하는 양반 아이가 있었습니다. 이 아이는 이야기를 듣고 종이에 적어 주머니에 꽁꽁 묶어 벽장에 넣어 둡니다. 어느덧 아이는 자라 장가갈 때가 되었습니다. 주머니에 갇힌 이야기들은 불평을 하다가 도령이 장가갈 때 앙갚음하자고 수군댑니다. 이 말을 들은 머슴은 도령의 목숨을 구해 주지요. 나중에 사정을 들은 도령은 주머니를 풀어 이야기들이 온 세상으로 날아가게 해 줍니다. 양반 도령은 이야기를 죽이고, 글자를 모르는 머슴이 이야기를 살린다는 구도가 재미있습니다.

『오필리아의 그림자 극장』에서 노파 오필리아 주변에는 '외로움', '밤앓이', '힘없음', '덧없음' 등의 그림자가 모입니다. 이들은 아무한테도 속해 있지 않지요. 왜냐하면 아무도 받아 주지 않으니까요. 오필리아는 이들을 바꾸지 않고 그대로 받아들입니다. 그리고 오필리아는 이들과 함께 그림자 극장을 열어 사람들에게 유명한 희극이나 비극을 보여 줍니다. 그리고 마지막으로 '죽음'이라는 그림자를 받아들여 오필리아는 천국으로 가지요.

이 이야기들 모두 비슷한 점이 많습니다. 어떤 사람들이 애를 써서 생각이나 이야기를 널리 퍼뜨린다는 것이지요. 특히 『생각을 모으는 사람』에서는 어느 도시, 어느 마을에나 이야기를 퍼뜨리는 사람이 한 사람씩은 있다고 말합니다. 또한 생각이 변하지 않고 있다든가, 어딘가에 갇혀 있는 것은 좋지 않다고 보는 점도 비슷합니다.

살아 있는 이야기

차이점도 있습니다. 『이야기 이야기』에서 이야기는 하느님이 황금 상자 안에 가둬 놓고 있습니다. 어쩌면 태초에 이야기가 시작되는 상황을 보여 주는 것 같네요. 반면 다른 세 그림책에서는 생각이나 이야기가 이미 존재한다고 전제하고 있습니다.

부루퉁 씨는 어딘가에 돌아다니는 생각들을 붙잡아 배낭에 넣은 다음 이야기를 잘 모았다가 숙성시킨 다음에 다시 하늘로 보냅니다. 오필리아는 외롭고 슬프게 돌아다니는 그림자를 받아들입니다. 붙잡거나 변형시키지 않고 공연할 때 적절한 역할을 줍니다.

거미 인간이 황금 상자 속 이야기를 해방시키는 것처럼 우리나라 옛이야기에서도 머슴이 이야기를 해방시킵니다. 마치 이야기가 갇혀 있어 갑갑하다는 듯이 말입니다. 이야기를 살리면서 양반도 살리지요.

우리나라 옛이야기의 특징은 이야기가 자신을 가둔 양반 도령에게 복수를 시도한다는 점입니다. 마치 이야기가 주체적으로 생각하는 생명체 같습니다. 『생각을 모으는 사람』에서 '생각'이 씨앗처럼 심어졌다가 꽃으로 피어나는 것을 보면 살아 있는 듯합니다. '그림자'들도 연극 형태로 활동을 하면서 사람들에게 웃음과 슬픔을 줍니다.

이야기들은 이렇게 '살아 있기' 때문에 사람에게 영향을 미칠 수 있습니다. 하늘을 떠다니는 생각이 '꿈을 꾸고 있는 사람들의 이마에 가만가만 내려앉아, 새로운 생각으로 자라나면' 아마 사람도 새롭게 변하겠지요. 우리나라 옛이야기의 이야기는 살아 있는 정도가 아니라 사람에게 복수를 하려고 '길가의 옹달샘'이나 '산딸기', '청실배', '독뱀'으로 변할 수 있으니 더 적극적입니다.

의도적으로 수정되는 이야기들

이야기가 현실에 영향을 미치기 때문에 적극적으로 개입하는 사람이 생깁니다. 이야기가 좋아서 이야기를 퍼뜨리기보다는 이야기가 현실을 변화시킬 수 있기 때문에 이야기를 도구로 활용하려는 사람입니다.

그래서 생각을 모으고, 이야기를 채집하고 분류하는 사람이 있습니다. 역사적으로 큰 영향을 미친 사람으로 17세기 말 프랑스의 샤를 페로가 있고, 19세기 초 독일의 그림 형제가 있습니다. 우리나라에는 19세기 초 신재효가 구전 판소리를 글로 정리했습니다. 이들은 뚜렷한 의도를 가지고 이야기를 채집하고 분류하고, 수정하고 전파했습니다.

미국의 어린이문학 이론가인 잭 자이프스는 『동화의 정체: 문명화의 도구인가 전복의 상상인가』에서 샤를 페로의 개작 의도를 간파합니다. 전통적인 구전 설화는 모계 사회에서 나왔는데 여기서 주인공 소녀는 자신의 사회적 지위와 권리를 위해 투쟁합니다. 이때 삶의 목표는 결혼이 아니라 사회적 인정이라고 주장합니다. 상류 부르주아 계급에 속한 페로는 이를 바꿉니다. '문명화된 여성', 즉 수동적인 여성이 신분 상승을 한다는 교훈을 아이들에게 주려고 동화를 수정했습니다.

그림 형제도 비슷합니다. 1810년 초고, 1812년 판본, 1857년 판본을 비교하면 이와 같은 의도로 수정된 것을 쉽게 찾아볼 수 있습니다. 그림 형제는 '보다 엄격한 19세기 중류 계급의 관점과 품위에 어울리는 방향으로 이러한 가치들을 전환'했지요. 잭 자이프스는 그림 형제를 '동화를 통해서 부르주아 계급의 가치를 전파하는 일종의 선교사'라고 말합니다.

이런 시각을 가진 사람들은 자신의 계급과 지향에 따라 동화를 '문명화의 도구'로 사용하고, 변형하고 확대했습니다. 이들은 이야기가 현실에 강한 영향을 미친다고 믿고 있고 사명감을 가지고 내용을 수정했습니다.

이야기를 현실 변화의 도구로 받아들이는 사람들은 이야기를 그대로 수용하기보다는 크게 수정할 가능성이 높습니다. 그러면 앞의 그림책에서 매개하는 사람들을 다시 살펴봅시다.

우리나라 옛이야기에서 머슴은 이야기를 퍼뜨리고 양반은 이야기를 가둡니다. 양반들에게 불편한 이야기를 양반의 시각으로 바꾸지 못하기 때문에 감춘다고 볼 수 있습니다. 아프리카 옛이야기에 나오는 거미 인간은 대중과 민중의 복합체와 비슷합니다. 권력을 가진 상류층처럼 도덕을 강요하는 사람이 아닙니다. 오필리아는 오갈 데 없는 할머니입니다. 슬프고 외로운 그림자들과 함께하며 그림자 연극으로 먹고살 만한데 '죽음'이라는 그림자를 받아들이고 자신은 죽습니다.

이 세 그림책은 이야기를 수정하기보다 수용하는 입장을 취합니다. 반면에 『생각을 모으는 사람』은 그대로 수용하기보다는 분류하고 정리합니다. 한 아이는 이렇게 썼습니다.

"생각도 크기와 성격이 있지만 결국은 자유롭게 다닐 수 있는 것은 아니다. 생각을 모으는 사람의 목적을 위해 생각이 성장하고 변화한다."

책에는 그가 어떤 사람인지 알지 못한다고 나옵니다. 그가 왜 이런 일을 하는지, 그의 신분은 무엇인지, 그의 주변에 어떤 사람들이 있는지 모릅니다. 따라서 그가 생각을 채집해서 가공하고 전파할 때 어떤 의도를 가지고 어떻게 변형시키는지도 알 수 없습니다.

의도나 입장이 드러나는 이야기

프랑스 역사학자 로버트 단턴이 쓴 『고양이 대학살』에는 정보를 수집하는 사람으로 부르주아와 경찰관이 나옵니다. 부르주아는 프랑스 남부 도시 몽펠리에를 설명하면서 여러 신분 또는 계급들의 행진, 생활양식을 묘사했습니다. 그는 자신을 귀족과 평민 중간에 위치시키면서 제2 신분은 '국가에서 언제나 가장 유용하고 가장 중요하고 가장 부유하다.'고 썼습니다. 다른 한 명인 파리의 한 경찰관 데므리는 서적 거래의 수사관인데 유명한 계몽 사상가에서 하찮은 저술 보조원에 이르기까지 400명 이상의 저자들에 대해 5년 동안 500개의 보고서를 썼습니다. 그는 단순히 수사한다는 일에 매달렸을 뿐 왜 이런 일을 하는지 의문을 던지지는 않았습니다. 경찰관이니까 당연한 것이지요.

몽펠리에 도시를 묘사한 지은이는 부르주아 생활양식을 편향적으로 옹호합니다. 반면 경찰관 데므리는 보고서를 작성할 때 "규격화시키고 작은 칸으로 범주화시키고 정리하고 분류시키려는 현대 관료주의적 경향"을 보입니다. 부루퉁 아저씨가 'ㄱㄴㄷ' 순으로 정리하고 분류하는 것으로 보아 그는 몽펠리에 도시를 묘사한 부르주아보다는 객관적으로 기술하려고 애쓴 경찰관에 더 가깝습니다.

자신의 가치를 드러내고 이야기를 수집하고 수정하는 사람과 그렇지 않은 사람 중 얼핏 생각하면 후자가 객관적이고 보편적일 수 있어 긍정적으로 평가받을 수 있습니다. 하지만 객관적으로 분류하고 체계적으로 정리하는 입장 역시 특정 가치를 대변합니다. 특히 권력과 돈으로 획일화되는 현실에서 객관적이거나 보편적이라고 포장한 시각은 특정 입장을 대변할 가능성이 많습니다.

우리 사회에서 이런 사람들은 국가나 기업 또는 특정 가치를 위해 비밀리에 정보를 수집하고, 또 특정 정보를 그들 입맛에 맞게 가공해서 배포하고, 가능한 한 흔적 없이 정보가 돌아다니게끔 흘려보내기도 합니다. 요즘 논란되고 있는 개인별 유튜브 방송이 그런 것 중 하나일 것입니다. 사람들은 내용의 진실이나 실체를 알지 못해 믿거나 말거나 하는 태도를 취한다고 하지만 여전히 일부 사람에게는 강한 영향을 미칠 것입니다.

생각이나 이야기는 다양한 방식으로 퍼져갑니다. 누구는

적극적으로 전파하고, 누구는 결사적으로 이를 막겠지요. 현실의 괴로움이 깊어지면서 새로운 생각이 생기기도 하고 누군가가 어떤 의도를 가지고 기존의 생각을 변형하고 조작하면서 새로운 이야기를 만들기도 합니다. 이야기를 수정하고 개작하려면 자신의 사회적 위치나 의도를 드러내는 것이 좋습니다. 보편적으로, 객관적으로 우리 삶을 묘사한다는 주장을 믿기 어렵습니다. 현대의 삶이나 가치, 지향 등이 너무나도 다르고 모순되기 때문입니다.

『생각을 모으는 사람』에서 뒷면지를 보면 생각들이 내려앉은 사람들의 얼굴은 무표정합니다. 행복한 표정이나 웃음을 짓고 있는 사람은 아무도 없습니다. 마치 그런 생각들이 자신에게 내려앉은 줄도 모르는 표정이지요. 이 책을 그림이 예쁘고 생각이 독특하다고만 평하지 말고 다양한 생각들을 규격화시켜서 변형시키는 것이 문제가 없는지, 또 그는 왜 자신의 신분을 밝히지 않는지 의문을 던지면 어떨까요? 어떤 그림책이라도 다양한 시각으로 바라보는 서평이 많이 나오길 바랍니다.

학교 밖에서도
배우는 아이들

『도서관에 간 사자』
미셸 누드슨 글, 케빈 호크스 그림, 웅진주니어

『까마귀 소년』
야시마 타로 지음, 비룡소

『들꽃 아이』
임길택 글, 김동성 그림, 길벗어린이

어린 시절에 읽는 그림책은 매우 중요합니다. 사물이나 세상에 대한 초기 이미지를 심어 주기 때문입니다. 도서관이나 학교와 관련된 그림책은 특히 그러합니다. 부모나 친구, 병원이나 놀이터 등은 직접 체험할 수 있기 때문에 처음 이미지를 수정할 수 있습니다. 하지만 도서관이나 학교는 체험 이전에 준비하는 배움과 관련된 것이기 때문에 초기 이미지를 수정하기 힘듭니다. 배움이 어떠한 것인지 파악하려면 많이, 오랫동안 배운 다음에야 시도할 수 있습니다. 『도서관에 간 사자』와 『까마귀 소년』, 『들꽃 아이』를 통해 아이들에게 도서관이나 학교의 이미지가 어떻게 구성되는지 살펴보겠습니다.

사자가 도서관에 나타나면

『도서관에 간 사자』는 아이나 어른 모두 좋아하는 그림책입니다. 2006년 미국 학교도서관회보 최고의 책, 아마존닷컴 최고의 그림책으로 선정되었습니다. 우리나라에서도 국립어린이청소년도서관 관장은 이 책을 추천하며 도서관이 '이야기들이 가득한 비밀의 창고', '상상했던 것보다 훨씬 신나고 멋진 곳'이라고 말합니다.

주인공 사자는 도서관에 갑니다. 사람들은 사자를 보고 어쩔 줄 모릅니다. 하지만 사자는 커다란 발로 도서관을 조용

조용 걸어 다니고, 절대 으르렁거리지 않고, 이야기 시간에는 아이들에게 편안한 등받이가 되어 주고, 관장을 도와주기도 합니다. 그러다가 관장이 다치자 어쩔 수 없이 사자는 으르렁거리고, 조용히 해야 한다는 규칙을 어겼기 때문에 스스로 떠납니다. 아이들은 사자가 없는 도서관 환경을 어색해 하지요. 그러다 '때로는 규칙을 어길 수밖에 없는 이유가 있다.'며 사자는 다시 도서관으로 돌아오고 아이들은 좋아합니다.

어른들은 대체로 도서관 규칙을 좋아합니다. 실제로 이 책에는 '규칙'이란 낱말이 많이 나옵니다. 글자가 많지 않은 그림책인데도 13번 나오지요. 나는 매우 놀랐습니다. 도서관에서 뭘 하기에 규칙이 이렇게 중요할까요? 모르는 사람이라면 도서관이 위험 물질을 취급하거나 기밀사항이 많은 곳이라고 착각할 것입니다. 아무튼 이 도서관에서는 '규칙'을 가장 중요하게 생각합니다. 사자가 도서관에 처음 갔을 때 놀란 사서가 보고하자 관장은 묻습니다.

"그래서 그 사자가 규칙을 어겼나요?"

『논어』에는 이런 얘기가 나옵니다. 공자가 아끼는 말이 있는 마구간에 불이 났는데 공자는 말에 대해서는 묻지 않고 '사람이 다쳤느냐'고 물었다고 합니다. 무엇을 중요하게 생각하는지 드러나는 대목입니다. 나라면 이렇게 묻고 싶습니다.

"그래서 그 사자가 책을 좋아하나요?"

사자가 도서목록카드를 냄새 맡고 새 책에 머리를 비비고 이야기 방에 들어가 잠을 자도 어떻게 하면 좋을지 모릅니다. 당연한 말이지만 도서관 규칙에 사자에 대한 것은 없었으니까요.

책보다 규칙이 먼저

도서관은 책을 읽는 장소입니다. 집이나 학교에서도 책을 읽긴 하지만 온통 책으로 둘러싸인 도서관에서 책을 읽는 것은 또 다른 경험입니다. 현실 세계를 떠나 다른 세상에서 새로운 경험을 하는 느낌을 받습니다. 로알드 달이 쓴 『마틸다』에서 마틸다는 도서관에서 책을 읽으면서 미지의 세계를 맛보고 그 때문에 자기 가족의 한계를 극복할 수 있었습니다.

하지만 『도서관에 간 사자』에서는 아이들이 책을 읽는 것은 그림으로만 보여 줍니다. 이야기 방에서 선생이 책을 읽어 줄 때에도 사자가 조용히 듣는지, 으르렁대는지에 대해서만 나옵니다. 도서관에 온 사자가 먼지를 털고, 편지 봉투를 붙이거나 책을 옮기는 등 도서관에서 벌어지는 일들을 보여 주지요.

물론 규칙은 필요합니다. 하지만 규칙을 몰라서 어겼다고 지적 받고, 불가피하게 규칙을 어겼다고 스스로 도서관을 떠나야 하

> 『마틸다』, 로알드 달 글, 퀀틴 블레이크 그림, 시공주니어

는 사자를 보면 마음이 불편합니다. 사자를 통해 '이주 노동자나 미혼모'를 떠올리는 독자도 있습니다.

그런데 진짜로, 규칙이 필요한가요? 도서관은 정말로 '이야기들이 가득한 비밀의 창고'일지도 모릅니다. 그런데 『도서관에 간 사자』에서는 비밀을 맛보게 하지 않고, 또 비밀이 무엇인지도 얘기하지 않고, 지켜야 할 규칙만 강조하고 있습니다. '조용히 해야 한다, 뛰면 안 된다'에 대해서만 얘기하고 있으니까요.. '다친 친구를 도와야 할 경우'라는 예외가 있지만 여전히 으르렁거리면 안 됩니다. 또 규칙을 어길 때도 있습니다. 어떤 이유가 있어 관장이 복도를 달려가는 것처럼요.. 근데 예외와 이유는 누가 판단할까요? 사실 어른들이 좋아하는 규칙의 융통성도 아이들 입장에서 보면 애매하기만 합니다.

그림으로 표현된 권위적인 모습

독서와 도서관의 관계는 배움과 학교의 관계와 비슷합니다. 독서와 배움을 위해서 도서관과 학교가 존재하는데, 수단이 목적보다 더 귀하게 되었습니다. 심지어 무엇을 어떻게 읽고 배우는가 하는 것보다 도서관에, 학교에 가는 것 자체가 중요한 기준이 되었지요.

그리고 도서관이나 학교를 대변하는 교사는 이용자나 학

생보다 훨씬 중요합니다. 그 때문일까요? 많은 독자들이 사서나 교사의 권위적인 모습을 불편해 하지 않습니다. 이 책에서 관장은 사자에게 부탁할 때에도, 맥비 씨가 의사를 부르려고 달려갈 때에도 도서관에서 뛰면 안 된다고 소리칩니다.

마지막 장면에서 관장은 복도를 달려가고, 맥비 씨는 뛰면 안 된다고 소리치지만 관장은 못 들은 척합니다. 사자가 으르렁거렸다고 도서관에서 나가라며 팔짱을 낀 관장의 모습이 기억에 남아 있다면, 마지막 장면을 보고 관장의 마음이 따뜻하다고 여길 수 있을까요?

『까마귀 소년』에 나오는 이소베 선생님도 5년간 왕따를 당한 주인공의 장점을 알아봐 줬다는 점에서 '참교육의 모범'으로 칭찬받습니다. 하지만 이소베 선생님에게서도 권위적인 모습은 보입니다.

땅꼬마라고 불리던 소년은 선생님도, 아이들도 다 무서워 늘 숨어 있기 바쁩니다. 다른 학생들도 땅꼬마를 따돌림하지요. 6학년 때 새로 온 이소베 선생님은 아이들을 뒷산에 데리고 가서 자연 관찰도 하고 꽃밭도 만들게 합니다. 땅꼬마는 머루가 어디서 열리는지, 꽃 이름이 무엇인지 알고 있어서 선생님은 땅꼬마를 좋아하지요. 학예회 날 땅꼬마는 무대에 올라 까마귀 소리를 냅니다. 그 소리를 들으면서 사람들은 6년 동안 소년을 얼마나 못살게 굴었는지 반성하며 눈물을 흘립니다.

이처럼 땅꼬마의 진가를 알아봐 준 이소베 선생님이 어디가 권위적이냐고 반문할 수 있습니다. 그런데 이소베 선생님이 처음 학교에서 만난 아이들과 인사를 할 때 오른손을 호주머니에 넣고 왼손으로 경례를 하는 모습이 나옵니다. 아이들은 양손을 머리 위로 치켜들며 환영하고 있지요. 이소베 선생님이 땅꼬마와 자주 이야기를 나누었다는 장면에서 이소베 선생님은 다리를 꼬고 한쪽 팔을 책상에 기댄 모습인 반면, 땅꼬마는 양손을 앞으로 모으고 있어 약간 주눅 든 모습 같기도 합니다. 땅꼬마가 까마귀 소리를 어떻게 배우게 되었는지, 어떻게 학교를 다녔는지 선생님이 대신 설명하는 것도 불편했지요. 한 아이는 '왜 선생님은 땅꼬마를 따돌리지 말라고 반 아이들에게 일러주지 않았는지' 묻습니다.

문득 이런 생각이 들었습니다. 이소베 선생님은 그 먼 산마을을 한 번 찾아가서 땅꼬마가 어떻게 살고 있는지 알았으면 더 좋지 않을까 하고요. 임길택 작가의 『들꽃 아이』에도 비슷한 학생과 교사가 나옵니다. 시골 마을 학교의 6학년 보선이와 담임 선생님입니다.

김 선생님은 시골 학교로 발령을 받아 6학년 담임을 맡게 됩니다. 보선이는 등굣길에 꽃을 꺾어와 선생님 책상에 놓습니다. 김 선생님은 식물도감을 들춰 보며 꽃 이름을 찾고, 아이들과 즐거운 시간을 보냅니다. 어느 날 보선이가 심부름을 다녀오느라 5교시 수업에 늦자 선생님은 혼을 냅니다. 그때, 보선이가 손전등을 들고 학교에 다녀야 할 만큼 멀리 떨어진 곳에 산다는 걸 알고 김 선생님은 보선이네 집에 찾아가기로 합니다. 김 선생님은 토요일 더위가 한풀 꺾인 뒤 자전거를 타고 가다가 오솔길에서는 걸어서 보선이네 마을에 갑니다. 도착한 시간은 이미 열 시가 넘었습니다. 다섯 집뿐인 마을에 학교 선생님이 찾아온 것은 30년 만에 처음이라고 합니다. 무척 먼 곳을 방문한 것이지요. 김 선생님은 해가 기울고 어두워지는 숲속에서 달빛에 드러난 숲의 모습을 보고 숲의 아름다움을 처음으로 느낍니다.

　　김 선생님이 보선이의 집을 직접 찾아갔다는 글을 읽고 시대나 사회의 한계는 있겠지만 『까마귀 소년』 속 이소베 선생의 모습과 비교하지 않을 수 없었습니다.

학교 밖에서도 배움은 있다

　　도서관은 규칙을 어기면 오지 못하게 합니다. 학교 교육은 의무교육이므로 제 시간에 출석하는 것을 제일 중요하게 생각합니다. 『지각대장 존』에서 주인공은 선생님에게 혼나고, 선생님의 부탁을 거절한 다음 날에도 학교에 갑니다.

『지각대장 존』, 존 버닝햄 지음, 비룡소

땅꼬마는 그 먼 산자락에서 채소 잎으로 싼 주먹밥을 점심으로 들고, 비가 오거나 태풍이 부는 날에도 도롱이를 몸에 두르고 한결같이 타박타박 걸어서 학교에 옵니다. 하루도 빠짐없이 말입니다. 땅꼬마는 혼자 6년 개근상을 받았지요.

보선이는 개근상을 받지 못할 겁니다. 또 생활기록부에 '공부는 뒤떨어지나 정직하고 맡은 일을 열심히 함.'이라고 적혀 있으니 학교에서 배운 것도 많지는 않을 것입니다. 그렇지만 학교를 오고가는 숲에서 많은 것을 배웁니다. 임길택 작가는 보선이가 걸었던 길을 지금 아이들은 잃어버렸다고 했습니다. 그게 안타까워서 이 이야기를 쓰게 되었다고 밝혔지요.

땅꼬마도 학교를 오고 가면서 많은 것을 배웁니다. 머루가 열리는 곳이 어디인지, 돼지감자가 자라는 곳이 어디인지 알고 있었고, 꽃이란 꽃도 죄다 알고 있었으니까요. 땅꼬마는 학교에서도 자연에서 배운 방법을 활용합니다. 몇 시간 동안 천장만 보기도 하고, 친구의 옷을 꿰맨 자리를 꼼꼼히 살피기도 하고, 운동장에서도 눈을 감고 소리를 듣지요. 오히려 학교 교육에서 배운 것이 거의 없어 보입니다. 학예회 때에도 까마귀 소리를 발표했으니까요.

이소베 선생님은 땅꼬마가 학교 밖에서 배운 것을 인정해 주는 듯한 느낌이었는데, 김 선생님은 소녀가 다닌 길을 직접 걸어가면서 그 아름다움에 감탄합니다.

땅꼬마와 보선이는 학교에서 배우는 것도 거의 없으면서, 오히려 학교를 오고 가면서 숲에서 배우고, 또는 숲에서 스스로 터득한 배움을 학교에 적용하면서도 학교에 결석하지 않는 이유가 무엇일까요? 배움보다 학교를 다니는 것이 더 중요하다고 생각한 건 아니었을까요?

『학교의 배신』을 쓴 존 테일러 개토는 이런 한계를 뛰어넘었습니다. 그는 정규 공립중학교에서 '실험학교'라는 대안 프로그램을 진행했습니다.

'첫째, 자기주도 학습. 하루를 학교 건물에서 벗어나서 가고 싶은 곳으로 가서 우리가 하고 싶은 공부를 하는 거예요. 둘째, 인턴십 같은 것으로 일종의 도제살이. 신문사 주간 밑에서, 친구는 상원의원 밑에서, 지하철 박물관 가이드 밑에서 일하면서 배웁니다. 셋째, 사회봉사. 한 주에 하루는 꼬박 남을 돕는 일을 합니다. 넷째, 부모나 다른 사람들과 같이 가족 협동 커리큘럼을 진행합니다. 다섯째, 수업.'

이렇게 개토는 공교육 교사임에도 불구하고 학교 밖에서 배울 수 있는 기회를 만들어 주었지요.

땅꼬마는 졸업 후 숯을 팔러 가끔 읍내에 옵니다. 숯을 팔아 그 돈으로 산에서 필요한 물건들을 사고 집으로 돌아갑니다. 그가 학교에서 배운 것이 무엇일까요? 왕따를 당하는 바람에 '세밀하게 관찰하는 힘'을 길렀다고 봐야 하나요, 아니면 이소베 선생님이 장점을 살려 줘서 그나마 사람 구실을 하게 되었다고 해야 할까요?

산골에서는 초등학생이라고 해도 도울 일은 많이 있을 텐데, 땅꼬마는 무엇 때문에 하루도 빠짐없이 학교에 왔을까요? 일하기 싫어서 학교를 다닌 건 아닐 겁니다. 땅꼬마의 내면이나 집안을 알 수 없으니 뭐라고 판단할 수는 없습니다. 그래도 이것만은 확실합니다. 사람들은 이소베 선생님의 '참교육'으로 아이의 운명이 바뀌었다고 평가할 겁니다. 아이가 나중에 배우고, 성장하고, 쓸모 있는 사람으로 자랄 때마다 '개근상'과 '이소베 선생'의 영향을 언급하겠지요. 하지만 학교 밖 배움이 더 중요하다는 입장에서 본다면 땅꼬마가 개근상을 탈 정도로 한 번도 빠지지 않고 학교에 가는 것이나 언뜻언뜻 보이는 이소베 선생님의 태도가 불편하게 보일 수도 있습니다.

삶에서 스스로 배울 수 있는 것들

요즘은 학교처럼 배움을 실천하기 위해서 설립된 교육기

관을 배움의 가치보다 중요하게 간주합니다. 그래서 그 제도를 유지하는 데 필요한 규칙과 권위를 중시하게 되지요. 설사 배움이 실현되지 못해도, 미래의 배움, 다수의 배움에 필요하다는 이유로 아이 한 명, 한 명에 대해서는 소홀해지기 마련입니다. 그래서 책을 좋아해도 도서관에서 쫓아내거나, 배움이 없어도 학교에 빠짐없이 다니게 하는 식으로 아이들을 통제하지요.

부모들은 교육 제도 밖에서, 삶에서 스스로 배우는 태도는 중요하지 않다고 생각합니다. 방 안을 뒹굴면서 생각하거나, 계획을 세우고 실천을 하지 않거나, 공부를 했는데 성적이 오르지 않으면 아무것도 하지 않았다고 간주합니다. 그래서 아이들이 혼자서 공부하는 것은 가능하지 않다고 생각합니다. 학교에서 배우고, 사교육으로 배우고, 부모한테 배웁니다. 친구는 경쟁 상대이고, 놀이는 스트레스 해소용일 뿐, 공부와 교사를 벗어난 환경에서, 삶 그 자체에서, 살면서 배운다는 것은 생각도 못합니다. 의식·무의식적으로 배움이 학교로 대체되고, 배움을 구체화할 수단인 학교가 오히려 목적으로 존중받고, 배움의 주체인 학생보다 학교의 관리자인 교사가 더 중시되는 환경을 그림책에서 당연한 것으로 그리고 있는 것은 아닌지 생각해 볼 문제입니다.

행복하지 않은 가족들

『돼지책』
앤서니 브라운 지음, 웅진주니어

『동물원』
앤서니 브라운 지음, 논장

『공원에서 일어난 이야기』
앤서니 브라운 지음, 삼성출판사

『숲 속으로』
앤서니 브라운 지음, 베틀북

앤서니 브라운의 그림책은 재미있습니다. 『돼지책』에서 아빠와 아이들은 점차 돼지 모습으로 변해 갑니다. 주변 환경도 돼지 환경에 맞게 변하기 때문에 숨은 그림을 찾는 재미도 있습니다. 자동차 번호판에 적힌 SGIP라는 글자를 거꾸로 읽으면 Pigs(돼지들)가 되는 것도 흥미롭습니다.

그런데 엄마 얼굴은 다소 이상합니다. 아빠와 아들들이 음식을 들고 오고 '엄마도 행복했습니다.'라고 썼지만 만족스럽지 않은, 뭔가 마음에 들지 않는 듯한 표정입니다. 다른 그림책 『동물원』에 나오는 가족 이야기도 불편합니다. 아빠가 농담을 하는데 아이들은 대꾸조차 하지 않습니다. 행복한 가족 이야기를 쓴 『우리 아빠』, 『우리 엄마』의 표정도 뭔가 자연스럽지 않습니다. 개인적인 느낌일 수도 있으나 왜 이런 느낌을 받게 되었는지 곰곰이 분석해 보았습니다.

가족의 표정에 담긴 의미

『동물원』은 가족들이 동물들을 구경하면서 겪는 이야기입니다. 아이들은 점심 먹자고 칭얼대고, 원숭이 모자를 사고 틈만 나면 투닥거립니다. 돌아오면서 엄마가 오늘 뭐가 좋았냐고 물었더니, 아이들은 원숭이 모자와 먹는 것을

『**우리 아빠**』, 앤서니 브라운 지음, 웅진주니어
『**우리 엄마**』, 앤서니 브라운 지음, 웅진주니어

말하고 아빠는 집에 가는 것이 가장 좋다고 말합니다. 그런데 엄마는 어두운 표정으로 '동물원은 동물이 아니라 사람을 위한 곳'이라고 말합니다. 그날 밤 화자는 동물원에 갇혀 있는 꿈을 꿉니다. "동물들도 꿈을 꿀까?" 하면서. 갇혀 있는 동물과 다소 공감하는 모습을 보여 줍니다.

『행복한 미술관』, 앤서니 브라운 지음, 웅진주니어

『행복한 미술관』도 비슷합니다. 엄마 생일이라 미술관으로 나들이를 가는데 스포츠 경기 시간과 겹쳐 아빠랑 형은 마지못해 나갑니다. 아빠는 썰렁한 농담을 하고, 형은 무슨 그림이건 재미없다고 합니다. 엄마는 그림 속에 숨어 있는 이야기를 찾아보라고 하고, "지금 우리한테 이런 일이 일어났다고 상상해 봐. 어떻겠어?"라고 묻기도 합니다. 미술관에서 나오기 전에도 아빠는 여전히 썰렁한 농담을 합니다.

의미 있는 결론에도 불구하고 두 그림책에 나오는 가족의 모습은 어색합니다. 앤서니 브라운은 자서전 『앤서니 브라운 나의 상상 미술관』에서 『동물원』에 쏟아진 비판으로 이 책을 몹시 우울한 책, 한 가정의 차디찬 초상을 그렸다고 생각하는 견해에 동의할 수 없다고 밝힙니다. 그러면서 『동물원』의 아빠가 좋은 아빠가 아니라는 점은 부정할 수 없지만, 이 아빠가 『동물원』의 문맥 안에서 존재할 뿐 모든 아버지를 대변하지는 않는다는 점을 아이들은 이해하고 있다고 말합니다.

앤서니 브라운은 행복한 가족, 특히 아빠와 엄마의 밝은 표정을 그림책에 담습니다. 『우리 아빠』에서 아빠의 장단점을 모두 소개하면서 아이가 아빠를 좋아하는 이유는 "아빠가 나를 사랑하니까."라고 말합니다. 아빠는 햇살이 뿜어져 나오는 그림을 배경으로 아이를 품에 안고 있습니다.

『우리 엄마』에서 엄마는 집안일을 굉장히 잘합니다. 무용가, 우주 비행사, 영화배우, 사장을 택할 수도 있었는데 그냥 '슈퍼 엄마!'가 됩니다. 역시 마지막 장면은 아이와 엄마가 서로에 대한 마음을 확인하고, 엄마가 햇살이 뿜어져 나오는 그림을 배경으로 아이를 품에 안고 있는 모습입니다.

가족 이야기 3부작으로 『우리 형』도 있습니다. 운동이나 그림, 노래 등을 잘하는 우리 형이 멋지다는 것을 표현하면서 나도 멋지다고 말하면서 끝맺습니다. 아이의 외모나 복장이 달라졌네요. 그런데 따스한 햇살 속에서 아이를 안고 있는 부모, 특히 엄마의 표정이 자연스럽지 않았습니다. 실제로 브라운은 초기작 『헨젤과 그레텔』 끝 장면에서 아빠가 두 아이를 안고 있는 뒷모습을 그려 세 사람의 얼굴이 나오지 않습니다. 아이들의 웃는 얼굴을 납득할 만한 모습으로 그릴

『**우리 형**』, 앤서니 브라운 지음, 웅진주니어
『**헨젤과 그레텔**』, 그림 형제 글, 앤서니 브라운 그림, 비룡소

수 없어서 아버지의 관점에서 그림을 그렸다고 말합니다.

하지만 『우리 아빠』나 『우리 엄마』는 20년이 지난 후에 그린 그림입니다. 자신의 약점을 충분히 극복하고, 그래서 정면으로 아빠나 엄마의 얼굴을 그렸다고 봅니다.

변형과 여백으로 자유로운 상상을

사람들이 앤서니 브라운의 그림을 좋아하는 이유는 다를 것입니다. 그중에서 배경 장면이나 소품들이 변형되고, 그 변형이 이야기를 이끌어가는 전개를 꼽는 사람들도 있을 것입니다.

『달라질 거야』는 아기를 낳고 병원에 있던 엄마를 집으로 데리고 오기 전에 아빠는 '이제 달라질 거'라고 말합니다. 아이는 무엇이 달라질지 상상을 합니다. 주전자가 고양이 모습으로 바뀌고, 소파가 고릴라로 모습을 드러냅니다. 공을 차려고 하니 알로 변하면서 황새가 날아갑니다.

이렇게 아이가 상상하는 형태로 변형되는 그림책 말고 『돼지책』에서는 아이의 행동이나 심리 상태에 의해 소품이 달라지고 액자 속의 그림이 바뀝니다. 아빠와 아들들이 집 안을 치우지도 않고 먹을 것만 밝히자 엄마가 사라지고 집 안 곳곳에 돼지의 모습이 등장합니다. 아빠의 양복, 전등 스위치, 문 손잡이,

『달라질 거야』, 앤서니 브라운 지음, 미래엔아이세움

액자 속 남자, 아기 사진, 벽지 등. 이런 변형은 브라운이 강조하는 '모양 상상 놀이'와 함께 아이들에게 상상력을 키워 줄 것입니다.

사람들이 미술관에서 한 그림을 볼 때 평균 30초가 걸린다고 합니다. 그것도 대부분 캡션을 읽는 시간이라고 하면서 '시각적 상상력을 점점 잃게 된다는 것은 성인이기 때문에 겪는 불행 중 하나'라고 강조합니다. 그림책을 보면서 그림이 무엇을 뜻하는지 의미만 찾는 것이 아니라 그림의 변형을 통해 이야기의 맥락이나 흐름을 상상할 수 있기에 앤서니 브라운의 그림책은 무척 흥미롭습니다.

또 여백을 통해 아이들은 자유롭게 상상할 수 있습니다. 『돼지책』을 스스로 도덕적이라고 평가하면서도 결론을 분명하게 맺지 않습니다. 돼지처럼 변해가던 아빠와 아이들이 다시 사람으로 돌아왔지만 마지막 장면에 그는 일부러 번호판에 PIGS(돼지들)의 철자를 거꾸로 한 'SGIP321'이라고 적어 넣음으로써 "무조건적인 낙관론을 어느 정도 무너"뜨리고 싶어 합니다. 사건이 일어나고 변화를 겪긴 했지만 얼마 지나면 예전 방식으로 돌아갈지도 모른다는 걸 암시하고 있지요.

이렇게 보면 『동물원』이나 『나와 너』, 『공원에서 일어난 이야기』의 끝도 애매합니다. 이야기 속의 작은 변화를 통해 뭔가가 바뀔 것인지 아닌지 암시하는 바가 없습니다. 『동물원』에서 꿈을 꾸면서 동물과 교감한다고 하지만 갇혀 있는 동물에 대해 공감하는 것과는 다소 거리가 있습니다.

『나와 너』, 앤서니 브라운 지음, 웅진주니어
『우리 친구 하자』, 앤서니 브라운 지음, 현북스

『나와 너』는 옛이야기 '곰 세 마리'를 다시 쓴 것입니다. 여기서 꼬마 곰은 금발 머리 소녀가 집 밖으로 뛰어가는 것을 보고 궁금해 하는데, 금발 머리 소녀는 엄마를 만납니다. 브라운은 금발 머리 소녀와 꼬마 곰 사이에 연관성이 있다는 것을 제시하려고 애썼다고 하는데, 정작 알기 어렵고 연관성이 무엇을 뜻하는지는 독자의 상상력에 맡기는 듯합니다.

『공원에서 일어난 이야기』는 20년 전에 쓴 『우리 친구 하자』의 이야기와 유사합니다. 공원에서 만난 두 가족의 모습은 한쪽은 가난한 아빠와 딸과 개, 다른 쪽은 부유한 엄마와 아들과 개입니다. 개들은 번개처럼 친해지고, 아이들은 서서히 친해집니다. 그런데 어른들은 말 한마디 나누지 않습니다. 한 순간이지만 배경은 사계절이 지나갑니다. 집에 돌아와 소년은 소녀가 준 꽃을 컵에 꽂습니다. 이 행동의 의미가 무엇인지, 다음에도 또 만난다는 것인지, 아닌지 상상력에 맡기고 있습니다. 그들의 우정이 꽃으로 피었으니 "이제 물을 주는 것은 그 둘을 단절시키려 했던 부모들의 차례다. 과연 부모들은 꽃에

물을 줄까, 아니면 꽃을 뽑을까?"라고 쓴 아이도 있습니다.

변형과 여백이란 특징으로 많은 아이들이 앤서니 브라운의 그림책을 좋아하고 아마도 상상력을 키우기는 하겠지만 의식·무의식으로 불편한(?) 느낌은 지워지지 않습니다.

영국에서는 계급·성별 차이가 심하기 때문에『공원에서 일어난 이야기』에 나오는 두 가족의 엄마와 아빠가 대화할 가능성이 없다고 해도, 사계절이 지날 때까지 한마디 말하지 않고, 심지어 눈인사도 없고, 어른이 상대 아이한테 어떤 표현도 하지 않는다는 것은 다소 놀랍습니다. 헤어진 다음 '같이 놀지 말라.'고 주의를 주더라도 있는 자리에서는 예의상 아는 척을 할 것 같은데 말입니다.

『숲 속으로』는 옛이야기를 변형시킨 그림책입니다. '빨간 모자'의 이야기를 뼈대로 현실의 상황을 재현했습니다. 소년이 아침에 일어나 보니 아빠는 안 보이고, 엄마도 아빠가 어디 갔는지 모르는 눈치입니다. 그런데 엄마가 할머니 댁에 케이크를 가져다 드리라고 합니다. 빨리 가려고 위험한 숲을 질러 할머니 댁에 도착하니 할머니가 반겨 주고, 그곳에서 아빠도 반겨 줍니다. 소년과 아빠는 함께 집으로 돌아오고 엄마가 두 사람을 환하게 웃으며 맞이합니다.

이때 엄마의 표정은 웃고 있지만 뭔가 숨기고 있는, 아니면 해소되지 않은 것이 남아 있는, 아니면 약간 체념한 듯한 표정으로 읽힙니다. 그리고 이야기도 이해가 가지 않습니다. 그날 소년은 '무시무시한 소리에 잠이 깼다.'고 하는데 앤서니 브라운은 그 소리가 '엄마와 아빠의 다툼이 아니었을까 하는 미묘한 암시'라고 합니다. 할머니를 간호하기 위해서 아빠가 집을 나갔고, 아빠와 아들이 돌아왔을 때 엄마의 웃음으로 해소되었다고 하지만 정말 해소되었을까 하는 의심이 듭니다.

'아픈 할머니를 간호하기 위해 집을 떠나 있었는데 왜 아빠 엄마는 싸웠을까? 또 아빠가 할머니 집에 갔는데 엄마는 왜 아빠가 어디에 있는지 모르는 표정일까? 전혀 예상하지 못했을까, 아니면 무슨 조건이나 전제가 있는데 무시하고 마음대로 간 것일까? 아니 안다면 왜 아이에게 말해 주지 않고 심부름만 시켰을까?'

이런 점은 독자의 상상력을 불러일으키는 여백이라기보다 오히려 부모의 소통 단절을 전제하고 있는 듯해서 아이들의 상상력 또한 갇혀 있다는 느낌을 줍니다.

앤서니 브라운이 그리는 '아빠상'

앤서니 브라운은 자서전에서 어린 시절의 얘기를 자세하게 펼쳤습니다. 아버지는 그림, 음악, 연극, 운동 등 다채로운 능력을 가진 사람입니다. 어머니는 아버지, 남편, 아들로 이어지며 평생 남자들의 과보호를 받는 분이었다고 합니다. 어쩌면 남에게 의지하는 성향 때문에 그토록 걱정이 많았는지도 모른다고 썼습니다. 자랑스럽고 행복한 가족으로 보이지만 다소 이상한 부분이 있습니다. 할머니는 아버지의 삶 어디에나 빠지지 않고 모습을 드러냈고, 그것이 어머니에게는 무척이나 힘든 일이었을 거라는 점, 또 아버지를 떠올릴 때면 사랑과 존경의 마음이 생긴다면서 무의식적으로 약간의 분노를 품고 있었는지도 모른다고 고백한 점입니다.

물론 작가의 가족사와 그림책의 해석을 직접 대입시키는 것은 적절치 않습니다. 그런데 그는 묘한, 납득하기 어려운 생각을 펼칩니다. 수많은 남자가 아버지가 되지만 막중한 책임감을 위해 맞춰진 사람과 거리가 멀다는 것입니다. 『동물원』의 아빠는 실없는 농담으로 자신이 아버지의 역할에 맞지 않는다는 사실을 얼버무리고 간간이 분노를 드러냅니다. 그러면서 자신의 한계에 좌절했기 때문이니 그는 고약한 사람이 아니라 어울리지 않는 사람일 뿐이라고 말입니다. 여성의 입장에서 이런 아빠를 어떻게 바라보고, 이해할 수 있을까요?

브라운은 『돼지책』이 남자들의 나태함을 꼬집은 단순한 책이라고 말합니다. 그런데 독일판에서는 엄마가 차를 수리하는 것으로 끝나지 않습니다. 엄마는 휘발유를 점검하러 밖으로 나가고 아빠와 아들들은 자동차 출발 소리를 듣게 된다는 문장이 추가되었다고 불만을 드러냅니다. 남자들이 다시 예전 행동으로 돌아갈 것이라고 예상하더라도 엄마가 가출할 것이라고 바라지는 않으니까요. 원작대로 모호하게 끝을 맺어야 독자들이 자유롭게 상상할 것이라고 기대하고 있습니다.

『나와 너』에서 곰 가족은 누군가 의자에 앉았다는 것을 확인하고 아빠가 소곤소곤 말합니다. "위층에 올라가 보자. 당신이 앞장서." 다음 장면의 그림을 보면 엄마가 먼저 올라가고 아빠는 여섯 계단 쯤 뒤에 막내와 같이 따라오고 있습니다. 요즘 엄마들이 그림책이나 동화책을 보고 한심해하는, 전형적인 장면입니다. 비겁하고 무책임한 아빠!

아이들이 상상하는 어른

대등한 의사소통은 서로 자립함을 전제합니다. 자립한 상태가 아니면 양보하거나 썰렁한 농담으로밖에 소통하지 못할 것입니다. 브라운의 그림책에 나오는 남자들은 대체로 이런 특성을 지니고 있습니다. 아빠·어른의 역할이 너무 무거워 회피하고 싶은, 다소 무책임한 남자. 적어도 겉으로 화목한 가정을 꾸리려면 여자는 『돼지책』처럼 분노를 표출해서 일시적으로 양보를 받거나 『숲 속으로』처럼 그저 환하게 웃기만 합니다. 그래서 그림책 속 여자의 얼굴은 자연스럽지 못한 것이 아닌가 생각합니다.

가족 이야기 3부작이 『우리 아빠』, 『우리 엄마』, 『우리 형』으로 따로따로 전개된 것도 같은 이유일 것입니다. 무책임한 아빠가 아닌, 화목한 가정에서 아빠와 엄마가 대등하게 소통하고 환하게 서로를 향해서 웃는 모습은 아직 힘들 것입니다.

『공원에서 일어난 이야기』에서 아이들은 어떤 느낌을 받을까요? 자신들이 어른이 되면 어떻게 될 거라고 상상할까요?

물론 이는 독자의 상상력, 자신의 경험, 그리고 사회 환경에 의해 달라질 것입니다. 브라운의 그림책이 아이들의 상상력을 키워 준다고 해도 그의 책을 읽으면서 아이들은 어른이 되었을 때 지금처럼 서로 소통할 수 있을 것으로 생각할까요? 어쩌면 지금 어른들처럼 소통하지 않는 것을 당연하게 받아들이지 않을까 염려가 됩니다.

그래도 브라운의 그림책을 좋아합니다. 특히 자서전을 읽고 솔직함에 더 좋아하게 되었는데 여전히 불편한 점은 남아 있습니다. 아이들이 앤서니 브라운의 그림책을 읽고 무의식적으로, 소통하지 않고 책임지지 않는 미래를 당연하게 여기게 되지 않을지 살짝 걱정이 되기 때문입니다.

칭찬하는 것만이
좋을까?

『에드와르도 세상에서 가장 못된 아이』

존 버닝햄 지음, 비룡소

존 버닝햄의 그림책을 읽는 일은 무척 유쾌합니다. 권위적인 학교 모습을 비판한 『지각대장 존』부터, 부모와 아이의 소통이 겉도는 모습을 묘사한 『셜리야, 물가에 가지 마!』, 아이들의 놀라운 상상력을 보여 주는 『네가 만약……』, 사회적 약자에 대한 따뜻한 마음을 느낄 수 있는 『대포알 심프』, 『커트니』 등은 여러 번 보아도 항상 새롭습니다.

그런데 『에드와르도 세상에서 가장 못된 아이』를 보면서 의문이 생겼습니다. 아이들은 에드와르도가 세상에서 가장 사랑스러운 아이라는 점을 인정하지 않으려 합니다. 자신들은 애를 써도 그런 평가를 받기 힘든데 에드와르도는 우연히 생긴 일로 그렇게 인정받았으니까요. 또 다른 아이는 에드와르도가 동물을 괴롭히고, 사람을 괴롭히고, 아이를 괴롭히는 것에만 관심을 갖습니다. 게다가 책에서 나오는 칭찬은 어른들도 이해하기 어려울 정도입니다. 한번 살펴보지요.

못된 행동을 멈추게 하려면

『에드와르도 세상에서 가장 못된 아이』의 마지막 장면을 보면 에드와르도가 시끄럽게 떠드는 소리에 동물원에서 달아난 사자들이 겁을 먹고 우리로 돌아갑니다. 사

『셜리야, 물가에 가지 마!』, 존 버닝햄 지음, 비룡소
『네가 만약……』, 존 버닝햄 지음, 비룡소
『대포알 심프』, 존 버닝햄 지음, 비룡소
『커트니』, 존 버닝햄 지음, 비룡소

육사는 에드와르도에게 사자 다루는 솜씨가 좋다며 자신을 도와달라고 하지요. 에드와르도는 동물원에서 비질을 하고, 사육사는 사자 우리에서 신문을 읽고 있습니다.

이와 대비되는 것으로 에드와르도가 냄비와 주걱을 들고 시끄럽게 떠드는 장면이 나옵니다. 한 부인이 손가락으로 가리키며 세상에서 가장 시끄러운 녀석이라고 비난합니다. 그러자 에드와르도는 점점 더 시끄럽게 떠들고 다닙니다.

이 그림책에서 에드와르도의 말썽은 의도와 다르게 좋은 결과를 가져오고, 어른들은 칭찬을 합니다. 이를테면 동생을 세게 밀었는데 바로 그때, 전등 하나가 떨어져 동생을 구했다는 칭찬을 듣지요.

존 버닝햄은 『존 버닝햄, 나의 그림책 이야기』에서 에드와르도가 변한 방식이 정말 맘에 든다고 밝혔습니다. 칭찬이 아이들의 못된 행동을 멈추게 만드는 동기가 될 수 있다고요. 그런데 이유나 동기, 결과와 상관없이 어떤 칭찬이라도 아이를 긍정적으로 변하게 할 수 있을까요?

> 『존 버닝햄, 나의 그림책 이야기』, 존 버닝햄 지음, 비룡소

통제의 목적이 담긴 칭찬

'부모역할훈련'을 창시한 심리학자 토머스 고든은 칭찬도

걸림돌 중 하나라고 합니다. 고든은 "너는 언제나 친구들에게는 매우 친절하더구나." 같은 표현을 예로 듭니다. 특히 '너-전달법'은 아이들에게 상처를 줄 수 있다고 합니다. 이를 '나-전달법'으로 표현한 것과 비교하면 분명히 드러납니다.

"네가 동생을 구해 줬구나. 하지만 네가 어린 동생을 그렇게 밀면, 나는 짜증날 거야. 왜냐하면 다쳐서 울기라도 하면 내가 달래 줘야 하거든."

'네가 동생을 구해 줬다.'는 칭찬은 긍정적인 영향을 미칠지도 모르겠다는 생각도 듭니다만 확신하기 어렵습니다. '너-전달법'은 칭찬의 경우에도 행동을 판단하는 것이기 때문에 '명령'과 비교해서 부드럽기는 하지만 어떤 행동을 유도하게 됩니다. 그래서 토머스 고든은 판단하지 말고 아이의 행동 중 사실에만 초점을 두고 부모는 어떤 느낌을 받았는지, 또 그런 행동이 미치는 구체적인 영향이 무엇인지 아이들에게 분명하게 표현하는 것이 좋다고 말합니다.

이런 표현기술은 아이의 행동을 부모가 받아들이기 힘든 상황에서 특히 유효합니다. 에드와르도가 인형을 발로 걷어찰 때 '세상에서 가장 버릇없는 녀석'이라고 하는 대신 이렇게 말하기를 권합니다.

"네가 그렇게 동물 인형을 발로 차면, 나는 가슴이 섬뜩해

진다. 왜냐하면 습관이 돼서 동물을 함부로 대하지 않을까? 그러면 내가 기본 예절을 힘들게 가르쳐야 할지 고민해야 하기 때문이지."

그러면 분노가 가라앉는 느낌입니다. 부모도 크게 화를 낼 상황이 아니라는 생각이 들고, 또 아이를 비난하지 않았기 때문에 여유가 생깁니다. 아이 역시 부모가 자신을 비난하지 않았으므로 화를 낼 필요는 없습니다.

하지만 이런 표현이 반복되면 아이는 부모의 감정이나 부모의 입장만 신경 쓰게 됩니다. 그래서 자신이 그런 행동을 왜 했는지 내면의 동기나 이유를 고려하지 않게 됩니다. 중요한 것은 부모의 승인과 관심입니다. 결국 아이는 그 일을 하지 말라는 암시를 받았을 뿐입니다. 심하게 표현하면 부모 문제를 해결하기 위한 '부드러운 명령'일 뿐입니다.

미국의 교육학자 알피 콘은 경쟁과 보상을 이용해 교육하는 것을 강하게 비판합니다. 그는 『자녀 교육, 사랑을 이용하지 마라』에서 아이의 행동을 칭찬하는 것이 좋지 않다고 지적합니다. 왜냐하면 아이가 착한 일을 했는지 확인하는 것만으로는 충분치 않기 때문입니다. 그보다는 그런 행동을 한 이유, 동기를 고려해야 하는데 이를 무시하고 결과만 중시한다면 착한 아이로 성장하지 않는다는 것이지요.

칭찬은 외적 동기에 해당합니다. 외적 동기가 강할수록 그 일을 하는 목적을 일 자체에서 찾지 않고 칭찬에서 찾습니다. 칭찬받기 위해 일하는 형태로 바뀝니다. 더구나 칭찬에는 통제 목적이 숨어 있습니다. '유혹을 통한 통제'라고 할까요? 아이들에게 부탁의 모양을 취해 어떤 일을 하도록 유도하고 있습니다. 그림책에서는 에드와르도를 칭찬하면서 동생이나 애완동물을 돌봐 달라고 부탁합니다. 에드와르도가 어떤 행동을 유도하기 위한 칭찬이 아니라고 믿고 이 말에 잘 따르는 것은 순진하기 때문일까요?

미국의 발달심리학과 교수인 캐롤 드웩도 칭찬은 비난과 같은 차원으로 봅니다. 대신 무엇을 비난하고 칭찬하는가 하는 점에서 달라진다고 합니다. 그는 『학습동기를 높여주는 공부원리』란 책에서 아이들의 행동을 비난, 칭찬한 다음에 어려운 과제를 주었을 때 어떻게 해결하려고 하는지 여러 형태로 실험했습니다. 이때 지능이나 특성, 인간 자체를 비난하거나 칭찬하는 경우 다음 과제를 해결하는 데 무기력한 모습을 보입니다. 반대로 노력이나 해결 방법 등을 칭찬한 경우 적극적으로 다음 과제를 해결하려고 노력합니다. 성과를 칭찬한 경우는 중간입니다.

에드와르도가 화분을 발로 차 흙 위에 떨어졌을 때, 정원을 가꾸기 시작한 모양이니 다른 식물도 심어 보라고 합니다. 이 말은 성과와 인간 특성을 칭찬하는 표현입니다. 노력이나 방법에 대한 언급이 없습니다. 이 그림책은 우연히 좋은 결과, 또는 그렇게 해석할 수 있는 상황이 나오기 때문에 에드와르도가 애써서 노력하거나 어떤 방법을 고민하는 장면이 나오지 않습니다. 오히려 칭찬을 받은 다음에 노력하고 그때 어떻게 할지 방법을 찾아보지요.

드웩이 얘기하는 것처럼 계속해서 노력이나 방법을 언급하면 아이는 지칠 것입니다. 여러 가지 이유로 아이는 그만 하고 싶은데 '더 애쓰면 좋을 텐데', '다른 방법을 생각할 수 있지 않을까?' 같은 의미의 말을 들으면 높은 기대 때문에 좌절할 것입니다. 이런 칭찬이 유효한 것도 아이가 새로운 노력이나 방법을 시도할 수 있는 힘이나 능력이 있을 경우에만 가능할 것입니다. 그런데 그 당시에 그런 힘이나 능력이 있는지 판단하는 것은 매우 어렵습니다.

질문이 심문이 될지도

알피 콘은 드웩이 말하는 노력이나 방법에 대한 칭찬도 부정적으로 생각합니다. 왜냐하면 칭찬은 아이의 관심이 과제가 아닌 어른의 반응에 쏠리는 역효과를 가져오기 때문입니다.

예를 들어 '이런 방법이 좋구나.'라고 전략을 칭찬하기보다 아무 말도 하지 않고 관심만 가지라고 합니다. 또는 결과가 자기 마음에 드는지 물어봅니다. 그러자 아이가 말합니다. '별로요.' 이유를 묻자 다르게 사용했다면 더 좋았을 것이라고 잔뜩 흥분한 어조로 설명하기 시작합니다. 이처럼 어른이 평가를 내리면 아이는 자신이 한 일에 대해 생각하고 이야기할 기회를 빼앗기는 겁니다.

또 알피 콘은 판단하기보다 질문하라고 합니다. "잘 나눠 먹었어?" 보다는 "어떻게 친구에게 브라우니를 나눠 줄 생각을 했니?"라고 말하는 것이 좋다고 합니다. 하지만 자칫 잘못하면 질문이 심문으로 바뀝니다. 토마스 고든은 걸림돌 중 하나로 심문을 듭니다.

"왜 그런 짓을 했지?"

"네가 무슨 짓을 했는지 깨달을 수 있겠니?"

어쩌면 부모의 표현 형식이 중요하지 않을지도 모릅니다. 아이가 얘기하고 싶은 것을 말할 수 있는 기회라면 좋은 질문이지만, 말하기 싫은 상황에서 억지로 강제한다면 심문이 될 것입니다. 아이가 친구에게 브라우니를 나눠 준 것에 대해 얘기하고 싶지 않은데 이런 질문을 한다면 심문이 될 것입니다.

행동이 올바른지 아닌지 판단하는 것보다 부모와 자녀의

관계가 더 중요하다거나, 아이의 행동에는 반드시 나름의 동기가 있다는 알피 콘의 지적에는 동의하지만 이런 관계나 내면이 어떠한지 판단하는 것은 매우 어렵습니다. 그래서 '부모역할훈련'은 문제가 많지만 직접 도움이 되는 반면, 알피 콘의 제안은 실생활에서, 구체적인 상황에서 직접 활용하기가 쉽지 않습니다.

 그림책에서 에드와르도가 인형을 발로 걷어차거나 개에게 물을 끼얹는 행동의 이면에 무슨 일이 있었는지 추측하는 것은 매우 어렵습니다. 역시 에드와르도가 어떤 내면의 동기로 주변 사람들 애완동물을 돌봐주는지 알기 어렵기 때문에 그들과의 관계가 좋아질지 장기적인 관점에서 판단하는 것 역시 쉽지 않습니다.

아이가 예상한 방식과 다르게

 『에드와르도 세상에서 가장 못된 아이』는 풍자나 반전, 무의식 등으로 재해석이 필요한 책은 아닙니다. 이야기에 나온 대로 칭찬하면 아이가 바뀐다는 강력한 설득이 담긴 그림책입니다. 곰곰이 살펴보면 칭찬이 중요한 것이 아닐 수도 있습니다. 칭찬할 만한 상황이 아닌데도, 남들 같으면 오히려 혼을 낼 만한 상황에서 칭찬했다는 것이 더 중요하다는 생각도 듭니다.

　어떻게 이런 상황에서 꾸밈없는 칭찬이 나올 수 있을까요? 자서전을 보면 존 버닝햄은 '서머힐' 학교를 다녔습니다. 설립자 A. S. 니일이 쓴 『자유로운 아이들 서머힐』을 보면 이런 상황을 이해하는 데 도움이 되는 사례가 나옵니다. 아이가 읍내의 공중전화로 삼촌과 어머니 목소리를 각각 흉내내 차비를 달라고 합니다. 니일은 돈을 준 다음에 거짓임을 알았지만 돈을 다시 돌려달라고 하는 것은 잘못이라고 판단합니다. 왜냐하면 그 아이가 이미 여러 해 동안 거짓말했다고 벌을 받았기 때문이라고 말합니다. 반대로 그 아이에게 상을 주자고 결론을 내리고 아이에게 돈을 덜 주었다며 지폐 한 장을 더 줍니다. 즉 아이가 예상한 방식과 다르게 반응한 것이지요.

　이 책에는 비슷한 사례가 또 나옵니다. 니일은 몇 주에 걸쳐 감자를 심었는데 여덟 포기가 뽑혀 있는 것을 발견하고 야단법석을 떨었다고 합니다. 권위주의에 빠진 사람은 선과 악이라는 도덕 문제까지 끄집어낼 것이지만 자신은 감자를 훔치는 건 나쁜 짓이라고 말하지 않고 단지 '내 감자'의 문제로만 삼았다고 강조합니다.

　이렇게 보면 니일은 하나의 행동에만 주의를 기울이고 동기를 추론하거나 인간 전체로 확대 해석하지 않았습니다. 그보다는 아이가 예측 가능한 반응, 즉 보통 사람들이 보여 주는 반응과는 다른 행동을 했지요. 도둑질을 하면 훈계하거나 회초리로 때리는 대신 도둑질을 도덕과 무관한 문제로 여겼다고 밝혔습니다.

『장난을 배우고 싶은 꼬마 이다』, 아스트리드 린드그렌 글, 비에른 베리 그림, 논장

존 버닝햄이 『에드와르도 세상에서 가장 못된 아이』에서 표현한 장면도 이것과 매우 유사합니다. 에드와르도가 동생을 밀었는데 우연히 전등이 떨어져 동생을 구합니다. 이때 에드와르도의 행동을 훈계하거나 벌주지 않고 "네가 어린 동생들을 돌봐주면 되겠다."며 다음 과제를 부탁한 것에 해당합니다.

효과 있는 칭찬법이란

그럼 어떤 상황에서 칭찬이 유효할까요? 비난받을 만한 상황에서 칭찬을 받은 경우엔 그 칭찬이 아이를 변하게 할까요? 반대로 칭찬받을 것을 예상하는 상황에서 칭찬을 받을 경우에는 어떨까요? 아마도 아이가 긍정적으로 변하지는 않을 것입니다. 오히려 칭찬 중독증이 심해질지도 모릅니다.

아이는 비난받을 것이라고 예상할 만한 일을 일부러 하지는 않습니다. 린드그렌이 쓴 『장난을 배우고 싶은 꼬마 이다』처럼 어떻게 행동하면 말썽이 되는지 알 수 없습니다. 일이 벌

어진 다음에야, 그것도 아버지가 벌을 주려고 이름을 부를 때야 비로소 말썽을 부렸는지 확실히 알 수 있습니다.

　앞에서 언급한 교육자들은 어떤 상황에서 칭찬이 유효하다거나 한계가 있다고 했을까요? 토마스 고든은 문제 상황을 설정했습니다. 아이가 문제를 느낄 때는 부모가 아이의 말을 경청하고, 부모가 문제를 느낄 때는 부모가 '나-전달법'으로 아이에게 표현합니다. 알피 콘은 경쟁이나 보상이 전제된 상황을 주로 염두에 두지만 상황을 구체화하지는 않았습니다. 드웩은 구체적인 상황을 다양하게 제시했습니다. 이를테면 아이들은 아동 인형과 교사 인형을 활용하여 연극을 하고 세 가지 형태(지능·특성, 성과, 전략·노력)로 칭찬을 받았습니다. 그다음, 아이들이 실수를 저지른 가상 시나리오에 직면하게 했습니다. 실패할 때 어떤 반응을 보이는지 살펴보기 위해서지요.

　이런 설명을 근거로 해서 『에드와르도 세상에서 가장 못된 아이』에 나오는 상황에서 칭찬이 아이에게 효과가 있을지, 또 왜 그러한지 알기 어렵습니다. 더구나 『에드와르도 세상에서 가장 못된 아이』에서 어른은 부모인지, 교사인지, 동네 어른인지 구별되지 않습니다. 실제로 앞의 교육자들은 부모-자녀 관계와 교사-학생 관계를 구별하지 않습니다. 토마스 고든은 '부모역할훈련'과 같은 원리로 '교사역할훈련', '리더십역할

훈련'을 썼습니다. 알피 콘도 『훈육의 새로운 이해』라는 이름으로 교사의 교육을, 부모의 양육과 같은 차원에서 접근했습니다. 하지만 부모는 자기 아이에게 무한에 가까운 책임을 진다는 점에서 교사와 크게 다릅니다.

아이를 비난하거나 칭찬하는 사람이 부모인지, 교사인지, 동네 어른인지에 따라 다르게 영향을 받을 것입니다. 그리고 어른과 신뢰 관계를 유지했는지 아닌지에 따라서도 다르게 영향을 받을 것입니다. 또한 아이의 나이에 따라 다를 것입니다. 비난은 대체로 아이에게 부정적인 영향을 미치는 것이 확실하겠지만, 칭찬이 어떤 상황에서도, 또 어떤 종류의 칭찬이 긍정적인 영향을 미칠지는 확실하지 않습니다. 어쩌면 『에드와르도 세상에서 가장 못된 아이』에 나오는 특수한 상황, 즉 비난받을 만한 상황에서 칭찬을 받았다면 어떤 종류라도 좋은 영향을 미칠지도 모릅니다. 왜냐하면 아이가 있는 그대로, 부정적인 모습까지도 그대로 받아들여졌다고 확신할 수 있기 때문입니다.

그래서 마지막 장면에서 사육사가 청소하는 에드와르도를 가르치겠다는 듯이 지켜보는 게 아니라 무관심한 듯한 모습으로 신문을 보고 있는 것이 더 나은 태도일 것입니다.

니일의 주장 그대로 잘못된 방법과 정반대인 '올바른 방법'을 사용한 것이 아니라 아이들을 대하는 일반적인 방법과 '정반대'인 방법을 선택한 것이 유효한 것이 아닐까 생각합니다. 그래서 니일은 "오늘날에도 도둑질한 학생에게 그런 보상 술책을 사용하면 효과가 있을지는 의문"이라고 말한 것이 아닐까요?

진실은 어떻게
왜곡될까?

『사라, 버스를 타다』
윌리엄 밀러 글, 존 워드 그림, 사계절

『일어나요, 로자』
니키 지오바니 글, 브라이언 콜리어 그림, 웅진주니어

『로자 파크스, 나의 이야기』
짐 해스킨스 · 로자 리 루이즈 매콜리 파크스 지음, 문예춘추사

세상이 어지러워지고 살기가 힘들어지면 사람 사이의 차별이 심해집니다. 빈부 차별, 지역 차별, 학력 차별, 성 차별, 권력이나 정보 접근성에서 차별 등. 그런데 경제가 성장하면서 또는 선진국이면서 국민들 사이의 차별이 심한 경우도 있습니다. 아이들한테는 이해가 되지 않는 부분입니다. 특히 현대 미국의 흑백 차별이 그러합니다. 『사라, 버스를 타다』는 그런 내용을 그림책으로 잘 설명해 초등학교 5학년 교과서에도 실렸지요.

현실을 담은 그림책

『사라, 버스를 타다』 그림책에서는 실제 주인공인 성인이 아니라 아이를 주인공으로 세웠습니다. 매일 사라는 엄마와 함께 버스를 타고 학교에 갑니다. 흑인은 버스 뒤쪽에, 백인은 버스 앞쪽에 타야 한다는 법 때문에 사라는 한 번도 앞쪽에 탄 적이 없습니다. 버스 앞이 어떤지 궁금했던 사라는 어느 날 앞쪽으로 갑니다. 뒤쪽으로 가라는 운전사의 명령에 따르지 않아 경찰에 체포되지요. 그리고 어린 소녀 사라의 용기에 자극을 받는 많은 사람들이 옳지 않은 법을 바꾸기 위해 '버스 승차 거부 운동'을 시작합니다.

오늘날의 우리에게는 도저히 이해가 안 되는 상황입니다.

다른 버스를 타는 것도 아니고 같은 버스에서 자리를 앞뒤로 구분하고 또 그것을 법으로 강제하고 있습니다. 이것만이 아닙니다. 공원에서 물을 먹을 때에도 백인 전용, 흑인 전용이 있었다지요. 미국이 과거에 이런 나라였다니 믿기 어려운 일입니다.

초등학교 교과서에서는 이 책을 차별을 공부하는 단원에서 예로 든 것이 아니라 사건을 기록한 글의 특징, 특히 사건의 전개과정을 공부할 때 예로 들고 있습니다. 원인은 '사라가 백인들만 앉는 버스 앞자리에 앉았다.'이고, 마지막 결과는 '사람들은 법을 바꾸었고, 흑인과 백인의 자리 구분 없이 버스를 탈 수 있게 되었다.'입니다.

한 사람의 작은 저항이 실제로 어떤 과정을 거쳐서 법을 바꾸고 흑인 인권운동의 시발점이 되었는지 놀라울 따름입니다. 많은 어른들이 이 그림책을 읽고 감동을 받습니다. 특히 사라의 용기에 대해서요. 어른들은 미국의 흑백 차별에 대해 어느 정도 알고 있기 때문에 또 살아가면서 이런 저런 차별을 겪어 봤기 때문에 이 그림책이 특히 감동적입니다. 그래서 인종 차별이나 평등, 인권에 대해 아이들에게 들려주고 싶은 얘기들이 많을 것입니다.

이 책에서 다룬 '로자 파크스 사건'은 1955년 12월에 실제 있었던 일입니다. 당시에는 흑인 차별법으로 버스 안에서 흑인과 백인의 자리가 구분되어 있습니다. 로자 파크스는 일을 마치고 버스에 올라 공용 좌석에 앉았지만 백인 승객이 타자 운전사는 로자에게 일어나라고 말합니다. 로자가 거부하자 경찰이 왔고, 결국 체포되지요. 이 일로 흑인들의 '버스 승차 거부 운동'이 시작됩니다. 마틴 루터 킹 목사가 이 운동을 이끌고 결국 버스 내 흑백 차별은 폐지됩니다.

작은 용기가 법을 바꾸다

미국의 역사를 모르고 그림책만 읽는다면 이 내용을 어떻게 받아들일까요? 짧은 그림책이라 내용이 압축되어 있는데, 아이들이 어떻게 이해할지 궁금했습니다. 사전 지식 없이 그림책만으로 내용을 파악해야 한다면 아이들도 다르게 받아들일지도 모릅니다. 우리나라의 아이들도 사라의 용기나 당시의 불합리한 제도 정도는 알 수 있겠지만 당시의 저항이 목숨을 걸어야 하는 상황인지, 그 차별이 어느 정도 뿌리가 깊은지, 또 얼마나 많은 사람들이 힘을 모았는지 짐작할 수 있을까 하는 의문이 듭니다. 이 책을 읽은 초등학교 4~5학년 아이들이 가장 쉽게 이해한 부분은 용기입니다. 그리고 일부가 호기심을 언급했습니다.

"사라는 용기가 있는 것 같다. 그리고 호기심이 많은 것 같다."

"나는 사라가 용감하다고 생각한다. 처음부터 예상하고 그런 일을 벌인 것은 아니지만 나중에 흑인을 차별하는 행동이 법인 것을 알고도 뒷자리에 가지 않은 사라의 행동은 당당하고 또 용감하다고 생각한다."

"흑인이 학대를 받는다는 사실이 믿기지가 않는다. 피부색이 다르다고 말이다. 미국이 좋은 곳이라고 생각했지만, 아닌 것 같다."

이와 달리 아이들이 이해하지 못한 내용들을 살펴보면 미국 역사를 모른 채 이 그림책만을 읽고서는 이해하기 쉽지 않다는 것을 알 수 있습니다. 즉 어떻게 한 아이의 작은 저항에 많은 사람들이 호응할 수 있는지 궁금해합니다. 흔히 '나비 효과'라고 나비의 날갯짓이 나중에 태풍을 몰고 온다고들 하지만 어떻게 그럴 수 있는지 원인과 결과의 중간 과정을 의심하는 것은 당연합니다.

어떤 아이들은 사라의 행동에 많은 흑인들이 지지하고 동참하며 1년씩이나 불편함을 감수하고 버스를 타지 않았다는 것에 의아해합니다. 또한 어른들이 옳지 않은 법을 지켰다는 사실도 이해하기 힘들어 했습니다.

"흑인들이 사라를 따라서 버스를 타지 않았다. 그런데 모든 흑인이 사라를 따라서 버스를 타지 않았다는 것은 이상하다."

"나는 버스 내 흑인차별법이 옳지 않다는 것이 아니라 사람들을 버스에 태우겠다는 이유로 (버스 회사의 이익을 위해) 법을 바꾼 것은 옳지 않다고 생각한다."

그림책에서 사라가 경찰서에서 나온 날 밤, 자신이 말썽을 일으키려고 했던 건 아니라며 엄마에게 미안하다고 말하는 장면이 있습니다. 사라의 엄마는 네 잘못이 아니며 너는 특별하다고 말합니다. 그때 사라는 '몹시 혼란스러웠다'고 하는데 이 문장을 이해하기 힘들다는 아이도 있었습니다.

아이들이 가장 이해하기 힘든 점은 아마 흑백 차별의 심각성, 뿌리 깊음일 것입니다. 백인들이 자신의 잘못을 깨닫지 못하는 점, 흑인에게 양보하지 않는 점, 흑인들이 법을 바꾸는 데 1년이나 걸린 점을 이해하지 못했습니다.

로자 파크스의 실제 모습

2012년에 로자 파크스의 자서전이 번역되었습니다. 그것을 읽고 로자와 사라의 차이, 자서전과 그림책의 차이를 인식하게 되었습니다. 그리고 이런 그림책이 억압된 진실을 드러내는지, 아니면 진실을 왜곡하는지 자세히 살피게 되었지요.

로자는 단순한 호기심으로 백인 자리에 앉은 것이 아닙니다. 또 피곤해서 일어나지 않은 것도 아니지요. 로자는 자서전에서 그날 자리에서 일어나지 않은 이유가 피곤해서가 아니라 인내심이 지쳐 있었기 때문이라고 했습니다.

"백인에게 끝없이 양보하고 굴복하는 것에 철저히 신물 나 있었다."

또 나중에 어떤 일이 벌어질지 생각하지 못해서, 호기심으로 일을 벌인 것은 아니었습니다. 그는 10년 전부터 미국흑인지위향상협회(NAACP: the National Association for the Advancement of Colored People) 간사로, 무보수로 일할 정도로 적극적인 활동가였습니다. 당시 협회 회원들은 죽음을 무릅쓰고 활동했지요. 집에서 모임을 갖지 못하는 것은 물론, 모임을 가질 때 사람보다 총이 더 많이 비치되어 있을 때도 있다고 하니까요. 자신보다 더 활동적인 남자와 결혼했고, 이런 활동에 여자가 참여하는 것이 거의 드문 1940년대였음을 생각하면 매우 진보적인 사람입니다.

또 협회 지부장 닉슨 씨, 킹 목사와 함께 매우 전략적으로 행동했습니다. 흑인 인권을 향상시키는 방법으로 버스 분리 탑승 제도 철폐를 목표로 정하고 로자 파크스의 사건이 벌어지자 이를 테스트 케이스로 만들기로 합의했습니다. 로자는 전과도 없었고, 일을 놓은 적도 없었으며 사생아를 임신한 적도 없는, 흑인이라는 걸 빼고는 백인들의 손가락질을 받을 만한 일을 한 적이 없는 '완벽한 고소인'이었지요.

로자와 협회는 지역민의 광범위한 지지를 얻기 위해서 흑인 목사들의 협력을 받기로 했습니다. 그래서 새로운 대중조직을 만들고 의장으로 마틴 루터 킹 목사를 선출했습니다. 그는 몽고메리에 온 지 얼마 되지 않아서 "백인 관료들의 온정주의적 포섭 전략을 경험하지 않았을" 뿐만 아니라 "시민권 운동에 거의 처음 발을 들여놓았기 때문에 친구도 적도 없는" 상태였기 때문입니다.

그림책 속 사라와 현실의 로자

진실을 알고 그림책을 다시 보면 차이가 크게 드러납니다. 그림책의 주인공 사라가 아이라는 걸 감안해도 현실의 로자 파크스와는 너무 다릅니다.

사라는 그날 다소 호기심으로 법을 어겼다고 했지만 로자는 오래전부터 흑백 차별에 저항했습니다. 위험을 무릅쓰고 유권자 등록을 여러 번 시도했습니다. 또 사라는 개인적으로 저항을 시작했지만 로자는 젊을 때부터 흑인지위향상협회

간사로 활동했습니다. 즉, 로자는 개인적인 차원보다는 조직적으로 저항하는 인물이었습니다. 또 사라는 언론과 많은 흑인들의 지원을 통해 운동을 지속할 수 있었지만 로자는 협회 회장과 마틴 루터 킹 목사와 함께 좀 더 체계적이고 전략적인 싸움을 벌였습니다.

『일어나요, 로자』라는 그림책에는 유색인인권협회와 지역 여성단체, 교회들이 단합해서 시위한다는 내용이 나옵니다. 그런데 차별에 저항하기 전 로자가 유능한 재봉사이자 평범한 주부라는 내용이 강조되어 나올 뿐, 협회에서 활동하면서 차별에 저항한 사실은 나오지 않습니다.

진실을 바로보는 법

흑백 차별을 다룬 그림책은 대체로 미국 아이를 주인공으로 표현한 것입니다. 차별을 실감할 수 있는 사회에서 살고 있는 아이들은 이런 그림책에서 표현되지 않은 맥락이 어떠한지 이해할 수 있을 것입니다. 하지만 우리나라 아이들에게 이해시키려면 상당히 복잡한 설명을 해야 합니다. 어쩌면 우리나라 어른들도 미국의 흑백 차별을 이해하는 게 불가능할지도 모릅니다.

놀랍게도 『블랙 라이크 미』를 읽으면 미국의 백인들 대부분도 흑인을 제대로 이해하지 못하는 것이 아닐까 하는 생각이 듭니다. 많은 백인들은 항상 흑인을 공정하고 친절하게 대하려고 노력해 왔다고 스스로 믿고 있습니다. 그렇기 때문에 '개인으로서는 흑인을 점잖고 착하게 대하던 백인이 집단으로서는 전혀 다른 정체성을 갖고, 흑인의 인격적 자존감을 파괴'한다는 점에 동의하지 않을 것입니다. 자신은 항상 흑인이 '자기 본분을 지키는 한' 앞으로 계속 잘해 줄 것이라고 말입니다. 백인에게 이 '본분'이 대체 무엇인지 물으면 그들도 잘 대답하지 못합니다. 그러나 흑인은 이 본분이 바로 정형화된 이미지대로 살아가는 것임을 알고 있습니다. 예를 들어, 백인은 흑인 고용인에게 "지금 생활이 행복하지 않나요? 내가 당신한테 잘해 주지요?"라고 직접 묻기도 합니다. 고용관계를 계속 유지하려는 흑인이라면 얼굴 가득 미소를 띠면서 백인이 묻는 질문에 그렇다고 대답해야 하겠지요.

이 책을 쓴 하워드 그리핀은 피부과 전문의의 협조를 받아, 색소 변화를 일으키는 약을 먹고 강한 자외선에 온몸을 쪼인 다음 머리를 삭발해서 중년의 흑인이 되었습니다. 그리핀은 흑인이 억압당하는 땅에서 흑인으로 살아가는 것이 어떠한 것인지 직접 체험하기 위해 자신의 외모를 바꾼 것이지요.

이 책을 읽으며 절망하지 않을 수 없습니다. 미국 백인의 심성에 내면화된 흑인상을 과연 바꿀 수 있을까요? 개인적으로는 목숨을 걸고 흑인을 돕는 양심적이고 착한 사람도 많이 있다고 하지만, 집단적으로는 인종차별주의자와 결코 정면으로는 맞서 싸우지 못하는 이중적인 모습도 분명하게 보입니다. 왜 그런 일이 계속 일어나는지 알 수 없습니다.

진실을 억압하고 왜곡하는 방법은 여러 가지가 있습니다. 먼저, 과거를 부정하는 경우입니다. 일본이 종군위안부를 부정하는 것처럼 애초에 그런 일이 없다고 우깁니다.

둘째로 근거가 미약하다거나 논쟁 중이라고 주장하면서 초점을 흐립니다. 독도에 대한 일본의 최근 접근법이 그러합니다. 또 담배 초기 논쟁에서 담배가 폐암에 치명적이라는 주장이 널리 퍼질 때 그렇지 않다는 과학적인 근거도 있다면서 찬반 의견을 공정하게 실으라고 신문에 압력을 펼쳤습니다. 물론 담배산업이 그런 주장을 제기한 과학자나 단체를 적극적으로 지원했지요.

셋째로 일부 사실만 강조하고 일부 사실을 말하지 않는 방법도 있습니다. 법적 공방에서 또는 정치인의 답변에서 불리한 사실은 모른다고 하고 유리한 사실만 드러내는 것입니다. 나중에 불리한 사실이 드러나도 단지 강조점이나 입장이 다르기 때문에 얘기하지 않았을 뿐이라고 변명하지요.

마지막으로 구체적인 맥락을 무시한 채 개인의 심리적인 특성만 드러내는 경우도 있습니다. 휴머니즘이란 이름으로 말이죠. 미국 영화에서 영웅적인 개인을 드러내면서 많이 활용한 방법입니다. 인디언이나 흑인 문제를 다룰 때 '그래도 착한 백인이 있었다.'고 강조합니다.

『일어나요, 로자』는 그래도 진실에 가깝다고 판단하지만, 『사라, 버스를 타다』는 네 번째 왜곡에 해당한다고 봅니다. 한 개인의 단순한 호기심으로, 한 번의 저항으로 법이 바뀌었다거나 개인의 용기를 강조한 것이 사실일지라도 그것이 전체적 진실에 접근해 있는지 의문을 품어야 합니다.

로자 파크스는 자서전 끝에 "사람들은 버스에서 내가 백인에게 좌석을 내어주지 않은 1955년의 그날 저녁에 대해서만 듣고 싶어 한다."고 지적하고 있습니다. 여러 단체들도 그날의 행위에 대해서만 주목한다는 것이지요.

진실은 구체적인 맥락을 전제합니다. 구체적인 맥락에서 파악하려면 한 사건이 아닌, 전후 과정을 밝혀야 하고, 한 개인이 아닌 집단적 노력을 밝혀내야 합니다. 구체적인 맥락보다 특정 장면에 초점을 두려는 것이 오히려 진실을 왜곡하는 결과를 가져오지 않을까 걱정됩니다.

장애를 올바르게
바라보는 법

『엄마, 내가 자전거를 탔어요!』
이노우에 미유키 글, 카리노 후키코 그림, 베틀북

『내게는 소리를 듣지 못하는 여동생이 있습니다』
진 화이트하우스 피터슨 글, 데보라 코간 레이 그림, 웅진주니어

『내 친구는 시각장애인』
프란츠 요제프 후아이니크 글, 베레나 발하우스 그림, 주니어김영사

장애를 다룬 책은 읽기에 조금 거부감이 들지 모르지만 마지막까지 읽고 나면 큰 울림이 있습니다. 작가가 관찰하고 쓴 소설도 그러한데 자신의 경험을 직접 서술한 책은 더욱 그러합니다. 『엄마, 내가 자전거를 탔어요!』를 읽으면 아이가 애써서 성취했을 때의 기쁨을 같이 느끼면서도 동시에 '안타깝다'는 생각이 듭니다. 또 『내게는 소리를 듣지 못하는 여동생이 있습니다』를 읽은 후에는 불편한 느낌이 있지만, 언니가 동생을 바라보는 시각이 참 따뜻하다는 느낌이 듭니다.

장애인과 비장애인의 차이

　　『엄마, 내가 자전거를 탔어요!』의 주인공 미유키는 500그램밖에 안 나가는 몸무게와 볼펜만 한 키, 이쑤시개처럼 가녀린 손가락을 가지고 태어났습니다. 워낙 작고 약하게 태어났기 때문에 결국은 앞을 볼 수 없게 됩니다. 엄마는 미유키가 뭐든지 직접 만지고 체험하도록 도와줍니다. 어느 날 라디오에서 자전거에 관한 시를 듣고는 자전거가 타고 싶어집니다. 엄마는 미유키와 함께 자전거를 끌고 운동장으로 갑니다. 미유키는 힘껏 페달을 밟지만 번번이 자전거와 함께 넘어지고 나뒹굴기 일쑤입니다. 그러다 드디어 미유키가 탄 자전거가 바람을 가르며 운동장을 크게 돕니다.

이 책은 이노우에 미유키의 자전적인 이야기로 2001년생 미유키는 현재 시각장애인입니다. 사람들에게 눈이 멀어서 불쌍하다는 이야기를 듣지만 "나는 불쌍한 아이가 아닙니다."라고 자기주장을 분명하게 합니다. 엄마는 아이의 시각 장애를 인정하고 엄하게 가르칩니다. 모든 사물을 손으로, 온몸으로 받아들이게 합니다. 딸랑이나 장난감 피아노 등 소리 나는 물건을 가지고 소리를 느끼고, 해를 향해 얼굴을 들어 따뜻함과 색을 몸과 마음으로 배우게 합니다. 심지어 미유키가 2층 계단에서 굴러 떨어져 움직일 수 없을 때도 엄마는 "힘 내!"라는 한 마디만 던졌다고 합니다.

　『내게는 소리를 듣지 못하는 여동생이 있습니다』에서 동생은 말을 할 수 없지만 얼굴의 표정과 어깨의 움직임으로 더 많은 것들을 이야기합니다. 소리를 듣지 못해도 풀밭의 아주 작은 움직임까지도 느끼는 특별한 아이지요. 언니는 어둠 속에서 귀를 막고 아무 소리도 들리지 않는 순간을 느끼며 동생을 이해하기 위해 애씁니다. 또 친구들에게도 떳떳하게 동생에 대한 이야기를 합니다. 내 동생은 가까운 곳에서 개가 짖고 있다는 것도 알고, 또 그 소리를 싫어할 줄도 안다고 말입니다. 친구들이 귀가 안 들리면 아프지 않냐고 묻자 귀가 아프진 않지만 사람들이 이해하지 못하면 마음이 아프다고 말합니다.

이 책 역시 동생의 장애를 이해하며 더불어 살아가고자 하는 마음을 전하고자 합니다. 책 소개에서도 장애인들을 편견과 동정의 시각으로 바라보지 않고 더불어 사는 삶과 장애에 대한 올바른 시각에 대해 생각해 보게 하는 책이라고 합니다.

그럼에도 왜 불편한 느낌이 들었는지 오랫동안 생각해 봤습니다. 신경학 전문의인 올리버 색스는 『아내를 모자로 착각한 남자』에서 뇌의 특정 부분을 다쳐서 기억을 상실했을 때 정체성을 어떻게 인식하는지를 흥미롭게 묘사하고 있습니다. 이를 통해 인간이란 무엇인지, 인간의 특성은 어디까지 선천적으로 타고난 것이고 어디부터 사회문화적으로 습득하는 것인지, 정상과 비정상의 경계를 어떻게 그을 것인지 고민하게 합니다. 그가 쓴 『목소리를 보았네』의 1988년 청각장애인들 시위를 보면서 '소리 없는 아우성'을 눈으로 본 것 같았습니다. 장애를 결핍이나 야만으로 보지 않는 입장을 알게 되자 앞의 그림책이 불편하게 느껴졌습니다.

그럼 『엄마, 내가 자전거를 탔어요!』를 읽고 아이들은 어떻게 생각할까요? 이런 책은 '어렵더라도 노력하면 성공할 수 있다는 자신감을 심어 줄 수 있는 책'이라고 말합니다. 장애인과 비장애인의 차이를 인정하지 않는다면 그렇겠지요. 하지만 장애인과 비장애인의 차이를 구분한다면 이면에 깔려 있는 전제들이 문제가 되지 않을까요? 이를테면 '힘들긴 해도 노력하면 성공할 수 있으니까 도와달라고 징징거리지 말라.'든가 아니면 '쉬운 일을 어렵게 노력해서 성공하다니 좀 불쌍하다.'든가.

수화와 구화의 논쟁

『내게는 소리를 듣지 못하는 여동생이 있습니다』에서 언니는 동생을 사랑한다면서 왜 수화를 배우지 않았을까 궁금해졌습니다. 상대를 사랑하고 이해하려면 그 사람의 입장에서 말하고자 하는 걸 받아들여야 하는데 여동생이 하는 수화는 이해하지 못하면서 그저 자신의 입장에서만 여동생을 이해하려고만 합니다.

엄마도 같은 입장입니다. 말을 못하는 딸에게 말하는 법을 가르쳐 주고, 입술을 읽는 법을 알려줍니다. 같은 반 아이들이 "언니 동생이 오늘 '파랑새'라고 말했어!"라는 걸 보면 구화 중심의 입장을 갖고 있지 않나 추측해 봅니다.

이 책은 작가 피터슨이 1977년에 쓴 책입니다. 당시 언어학자 윌리엄 스토코는 수화도 하나의 언어라고 주장했고, 1973년부터 수화로 공연이 이루어지고 많은 청각장애인 예술가들이 활동하던 시기입니다. 수화를 하나의 언어로 받아들이면서 자신들은 다른 문화를 지닌 집단으로 정체성을 확인하려고 시도한 것입니다.

시각장애인은 사물을 보지 못하지만 듣고 말할 수 있기 때문에 사고를 할 수 있습니다. 반면에 청각장애인은 특히 선천적인 경우 사물을 보지만 이를 언어로 표현하는 방법을 배우지 못하면 추상적인 사고가 발달하지 않습니다. 그래서 예전엔 청각장애인을 저능아로, 심하면 자폐인으로 간주했습니다.

하지만 청각장애인과 정상인들이 함께 살면서 자유로운 의사소통을 이루어 누가 '장애인'인지 구별하기 어려울 정도로 어울린 마을이 있었습니다. 1690년부터 매사추세츠 마사의 포도원에서는 한때 최대 4명에 1명꼴로 청각장애인이 발생했습니다. 그래서 마을 사람들이 모두 수화를 배웠습니다. 그래서 듣는 이들과 듣지 못하는 이들 간에 자유롭고 완전한 의사소통이 이루어졌다면서 청각장애인들을 '장애자'로 보지 않았다고 합니다.

프랑스에서는 1755년 청각장애인을 위한 학교를 만들었고 그곳에서 배운 학생인 로렌 클럭이 1817년 미국에서 농아 보호 시설을 설립했습니다. 1869년 무렵 전 세계에는 550명의 농아 교사가 있었으며 미국 농아 교사의 41%는 청각장애인들이었다고 추정합니다. 1864년에는 국립 농아대학이 설립되어 수화를 적극 권장했습니다.

그렇지만 수화는 청각장애인들끼리의 의사소통에만 한정된다는 이유로, 문명사회에 융합되려면 정상인과 소통할 수 있는 '말하기와 입술 읽기'를 배워야 하고 그러기 위해서 수화를 금지시켜야 한다고 주장하는 사람들도 많았습니다. 그중에서 그레이엄 벨은 구화의 입장에 섰는데 전화를 발명한 덕분에 큰 영향을 끼쳤습니다. 1880년 밀라노에서 국제 농아교육 대회가 열리는데 투표 결과 구화주의가 승리했습니다. 그러면서 학교에서의 수화 사용이 공식적으로 금지되었지요.

수화가 금지되기 전에 청각장애 학생들이 건청인 학생들과 동등한, 매우 지적이고 높은 수준의 교육을 받았다면, 수화 사용을 금지한 이후 청각장애 학생들의 교육 성취와 일반적으로 읽고 쓰는 능력은 현저하게 떨어지는 결과를 낳았습니다.

시각장애인이 떠올리는 세상은 까맣지 않다

청각장애인은 세상을 매우 다르게 볼 것입니다. 특히 선천적인 청각장애인은 소리에 대한 경험이 없어 진동 등으로 구분할 수 있다고 합니다. 마찬가지로 색맹인 사람이 색을 보지 못한다고 해서 '잿빛으로, 칙칙하게' 세상을 바라보는 것은 아닙니다. 정상인보다 명암과 농담 등의 차이를 섬세하게 느낄 수 있기 때문에 그 세상 역시 풍부할 것입니다. 이렇게 유추하면 시각장애인이 세상을 까맣게 본다는 것은 정상인이 착각하는 것입니다. 선천적인 시각장애인이 아니라면 장애를 겪기 전에 색깔 있는 세상에 대한 기억을 떠올리는데, 기억이 희미해지면서 색깔이 사라진다고 해도 까만 세상과 직면하는 것은 아닙니다. 또 선천적인 시각장애인이라도 정상인이 색을 보느라 미처 보지 못한, 보다 미묘한 형태, 크기, 질감 등을 통해 비슷한 사물의 차이를 구별할 수 있습니다.

『마티유의 까만색 세상』은 다양한 감각으로 세상을 바라본다는 시각장애인의 특징을 잘 보여 주고 있지만 표지부터 본문의 많은 내용까지 까맣게 그린 점은 아쉬웠습니다. 역시 정상인이 시각장애인의 어려움을 체험한 『보이지 않는다면』에서도 바탕이 까맣게 그려졌는데 이는 시각장애인이 세상을 어떻게 인식하고 있는지 잘못 알려 주는 것입니다.

이에 비해 『내 친구는 시각장애인』은 바람직합니다. 정상인의 눈에 비치는 색깔로 주변을 표시했는데 흥미로운 것은 울고 있는 아이를 발견하고 부모를 찾아주려는 사람은 정상인이 아니라 시각장애인입니다. 아이는 그 시각장애인에게 보이지 않는데 어떻게 부모님을

『**마티유의 까만색 세상**』, 질 티보 글, 장 베르네슈 그림, 어린이작가정신
『**보이지 않는다면**』, 차이자오룬 지음, 웅진주니어

찾겠냐고 묻습니다. 그러자 너를 찾지 않았냐고 말합니다. 아이는 정말 신기하게도 자신을 본 사람은 그뿐이라고 말합니다.

『나는 입으로 걷는다』, 오카 슈조 글, 다치바나 나오노스케 그림, 웅진주니어

아이는 그에게 앞이 보이지 않으니 놀이도 못하겠다며 불쌍하게 여깁니다. 자신은 아빠랑 '넌 못 보는 걸 난 보았지'라는 놀이를 한다고요. 그러자 그는 '넌 못 듣는 걸 난 듣지' 놀이를 하자고 합니다. 그리고 색깔을 느끼고, 동전을 크기와 테두리로 구별한다고 알려 줍니다. 또 그는 겨울에 스키 타는 것을 좋아한다고 합니다. 이 책은 정상인이 하지 못하는 일을 시각장애인이 한다는 것을 강조했다는 점에서 바람직하지만, 그들이 나름대로의 문화를 갖고 있다는 점까지는 나아가지 못한 것은 아쉬움으로 남습니다.

장애인의 문화도 인정받아야

그림책은 아니지만 『나는 입으로 걷는다』에는 침대에 누워서 지내는 아이, 다치바나가 나옵니다. 엄마는 다치바나가 누워 있는 침대를 문밖에 내놓습니다. 그러자 다치바나는 모르는 사람에게 침대를 밀어 달라고 부탁합니다. 그렇게 친구 집에 도착한 다치바나는 친구와 즐겁게 얘기를 합니다. '도움을 받는 걸 부끄러워하면 안 된다. 그것도 훌륭한 자립이다.'

라는 말은 서로가 같은 입장이 아니라면 쉽게 할 수 없을 것입니다.

인간은 사회문화적 존재입니다. 한 개인을 이해하려면 그가 속한 환경을 고려해야 가능한 것입니다. 어떤 개인을 사회문화적으로 고립된 상태에 놓고 겉으로 드러난 모습으로 그를 평가하거나 심지어 이해하고 사랑한다고 주장하는 것은 잘못입니다. 이를테면 한국인도 미국에 홀로 있으면 위축될 수밖에 없습니다. 한국인의 당연한 행동이 미국에서도 그러한지 확신하지 못하기 때문입니다.

많은 사람들이 생물 종의 다양성이 무너지면 지구 생태계가 크게 위협받을 것이라고 걱정합니다. 마찬가지로 문화적 다양성이 줄어들면 인간 문명이 몰락할 것이라고 경고하는 사람들도 있습니다. 많은 사회적 약자들이 자신들의 모습을 있는 그대로 인정해 달라는 요구는 문화적 다양성의 한 부분으로 받아들일 수 있습니다. 이를테면 성소수자들도 자신들의 행동을 비도덕적인 것으로 보지 말고 다른 문화로 인정해 주기를 바라고 있습니다. 시각장애인이나 청각장애인 등 다양한 장애인의 특성을 또 다른 문화적 양상으로 받아들이거나, 또는 하나의 문화로 표현될 수 있도록 도와주는 것이 그들을 진정으로 이해하고 사랑하는 것이 아닐까요?

사람도 동물도
행복하려면

『아프리카여 안녕!』
마르가레트 레이 글, 한스 아우구스토 레이 그림, 시공주니어

『행복한 사자』
루이제 파쇼 글, 로저 뒤바젱 그림, 시공주니어

『이글라우로 간 악어』
야노쉬 지음, 시공주니어

『동물원』
앤서니 브라운 지음, 논장

『서로를 보다』
윤여림 글, 이유정 그림, 낮은산

우리는 세상을 직접 체험하기도 하고 책이나 방송 등 다른 매체를 통해 간접 경험하기도 합니다. 현대 사회에서는, 특히 어린이들은 대부분의 지식을 매체를 통해 습득합니다. 무엇에 대해 알고 싶을 때 어떤 매체를 선택하는가 하는 문제는 단지 시간이나 돈으로 결정할 일이 아닙니다. 같은 지식을 전달한다고 해도 매체의 특성에 따라 강조점이 다르고 전망에서 차이가 나기 때문입니다.

평소에 동물을 다룬 책을 즐겨 보면서 볼 때마다 뭔가 불편함을 느낍니다. 동물 그림책 중 『아프리카여 안녕!』, 『행복한 사자』, 『이글라우로 간 악어』, 『동물원』, 『서로를 보다』를 차례대로 살펴보고, 다큐멘터리 '동물원이 살아 있다'를 시청하고, 서울대공원에 가서 직접 동물원을 보고 불편한 느낌의 정체를 알아보려고 했습니다.

동물원에서 행복한 동물

1941년 출간된 『아프리카여 안녕!』에서는 개구쟁이 꼬마 원숭이가 재미있는 장난을 칩니다. 갈매기처럼 날아가려다가 바다에 빠지고, 장난 전화를 걸고, 풍선을 타고 하늘을 날고…… 모두 아이들이 하고 싶은 장난들이지요. 하지만 이 원숭이는 아프리카에서 잡혀와 문명 세계에서 장난을 치다가 결국 동물원에 가게 됩니다. 원숭이는 동물원이 살기 좋은 곳이라며 행복해하지요.

1954년에 출간된 『행복한 사자』에서는 마을 공원 한가운데에 사자가 살고 있습니다. 사자는 찾아오는 사람들과 반갑게 인사합니다. 그런데 사자가 바깥으로 나가 친구를 찾아가자 사람들은 비명을 지르고 도망갑니다. 사자는 왜 그러는지 이해하지 못하고, 소방대원은 물대포를 준비합니다. 그러다가 한 아이가 공원에 있을 때처럼 인사를 하자 공원으로 돌아가서 행복하게 지냅니다.

야생동물이 동물원에 있으면 사람은 즐거워합니다. 동물도 자연 속에 있는 것보다 더 행복할 것이라고 생각해서 동물원에 데려갑니다. 동물이 제 발로 동물원에 간다는 그림책도 있습니다. 1984년에 출간된 『이글라우로 간 악어』의 작은 악어는 새, 나비와 놀고 늘 쾌활하고 행복하게 삽니다. 작은 악어는 무엇이든 잡아먹으려고 하는 아버지의 폭력성이 싫어 평화로운 동물원을 찾아갑니다. 작은 악어는 자연에서 아버지를 이어 왕이 되는 것보다 동물원에서 사람이나 작은 동물들과 어울리는 것을 선택합니다.

동물원에서 불행한 동물

이후에 나온 몇몇 그림책에 나오는 동물은 행복해하지 않습니다. 시대의 변화일까요, 아니면 작가의 시각 차이일까요? 1992년에 출간된 앤서니 브라운의 『동물원』 속 동물은 행복한 표정이 아닙니다. 사람들도 동물에 별 관심이 없습니다. 동물원에서 코끼리, 호랑이, 북극곰, 고릴라 등을 보고 나서 무엇이 좋았냐는 엄마의 질문에 아이들은 햄버거, 원숭이 모자가 좋았다고 하고, 아빠는 집에 가는 것이 가장 좋다고 합니다.

2012년에 출간된 『서로를 보다』는 그림이 아름답고, 시원합니다. 자연 속의 동물과 동물원의 동물을 비교합니다. 몇몇 동물만 골라 보지요. 먹이를 쫓아 '바람처럼 초원을 달리는 동물, 치타'와 좁은 공간에 누워 있는 치타를 같이 봅니다. 눈보라가 치는 '얼음 들판 위로 떠도는 동물, 북극곰'과 시멘트 위에 앉아서 여기는 너무 덥다는 북극곰을 동시에 봅니다. 숲속에서 '함께 노래하고 사냥하는 동물, 늑대' 다섯 마리와 창살에 갇혀 혼자 누워 쓸쓸해하는 늑대를 같이 봅니다.

동물원의 동물을 행복하다고 그리는 그림책보다 불행하다고 그리는 그림책을 보는 것이 불편하기는 해도 더 좋습니다. 현실을 왜곡하지는 않으니까요. 한 아이는 『이글라우로 간 악어』를 좋아하는 책이라고 하면서 악어가 왜 굳이 이글라우로 가서 동물원에 스스로를 가두는지 모르겠다고 말합니다. 또 다른 아이는 『동물원』을 읽고 동물을 조롱이나 하면서 왜 동물원에 가는지 의문이 들었다고 합니다. 이렇게 아이들도 동물들이 불행하다고 쉽게 느낍니다. 그런데, 그다음이 없습니다. 이 동물들을 어떻게 해야 하고, 동물원은 어찌해야 할까요? 그림책은 아무 말이 없습니다.

동물원은 변하고 있다

동물원의 동물이 불행하다면 어찌해야 할까요? 한 가지 대안은 동물원 또는 특정 동물의 전시관을 폐쇄하는 것입니다. 2005년 디트로이트 동물원은 코끼리 전시관의 문을 완전히 닫았다고 합니다. 동물원에 있는 코끼리의 삶이 행복하지 않다고 판단했기 때문이었지요.

다른 대안은 동물원을 유지하되, 환경을 개선하는 것입니다. 동물들이 좀 더 야생 상태에 가깝게 지낼 수 있도록 전시 환경이나 먹이, 사회성, 감각 등을 고려해서 생활공간을 풍부하게 꾸며 주는 것입니다. 예를 들면, 서울대공원은 '환경·행동 풍부화'란 이름으로 20여억 원을 들여 호랑이숲 공원을 조성했습니다.

물론 어쩔 수 없다는 입장도 있겠지요. 사람도 먹고살기 힘든데, 동물한테까지 큰 돈 들여가며 좋은 환경을 만들어 줄 필요가 있을까 의문을 제기합니다. 동물원에 갇혀 있는 동물도 불쌍하지만 현대 사람도 사회에 갇혀 있는 것이 아니냐는 말이지요. 그런 복잡한 고민의 결과 지금의 동물원이 최선이라고 결론짓습니다.

또 멸종 위기에 처한 동물을 보존한다는 점에서 동물원의 존립 이유가 더 분명해집니다. 다큐멘터리 '동물원이 살아 있다'에서는 '종 번식 프로젝트'란 이름으로 시베리아 호랑이와 고릴라의 합사를 보여 주었습니다. 그러면서 동물원이 사람 중심에서 동물 중심으로 변하고 있다고 말합니다.

서울대공원의 변화를 살펴보면, 전에는 좁은 공간에서 지내던 코끼리가 커다란 운동장에서 돌아다니고 있고, 다리를 크게 벌리고 바닥에 놓여 있는 먹이를 먹던 기린은 높이 매달린 먹이를 뜯어 먹고 있었습니다. 사자가 사는 공간은 어찌나 넓은지 한눈에 다 들어오지 않습니다. 10마리도 넘는 것 같습니다. 호랑이 역시 주변 경관이 뛰어나서 보기에도 호랑이가 행복해할 것 같습니다. 또 예전에는 전시장이 그대로 노출되어 있어 동물들이 불안해할 수 있었는데 이제는 '관람 창에 풀잎 모양이 시트를 부착하여 그 사이로 엿보는' 형태로 발전되었습니다.

모든 동물이 이런 환경에서 살고 있는 것은 아니겠지요. 지방이나 소규모 동물원의 환경은 여전히 열악합니다. 곰은 여전히 시멘트 바닥에 한두 마리씩 고립되어 갇혀 있고, 늑대 역시 매우 좁은 공간에 무기력하게 누워 있습니다. 『서로를 보다』에서 볼 수 있듯이 늑대, 바바리양, 프레리도그의 야생 모습을 상상조차 하기 힘든 환경이지요.

동물 복지를 강조하는 로브 레이들로는 동물원에 어울리지 않는 동물로 북극곰, 코끼리, 고래, 유인원을 꼽습니다. 야생 북극곰은 바다표범을 사냥하기 위해 하루에 50~100킬로미터를 여행하는데, 동물원은 무려 100만분의 1밖에 되지 않는, 작은 공간입니다. 극지방 동물은 뜨거운 공기와 높은 습도를 피할 수 있는 기후 환경에서 살아야 하는데 그렇지 않으니 인도네시아 동물원에는 겉 털 사이에 녹조류가 자란 북극곰이 있다고 말합니다.

대가족 또는 사회적 집단을 구성하는 큰 동물들은 아무리 노력해도 원래대로의 환경을 만들기 쉽지 않습니다. 코끼리는 혈연가족 10~15마리가 무리를 지어 살아가면서 3천만~15억 평에 걸친 땅을 돌아다닙니다. 범고래는 4~5세대에 걸친 50~100마리의 가족이 함께 살면서 뛰어난 지능과 정교한 의사소통능력을 배우고 활용합니다. 유인원 역시 가족 및 사회적 집단을 구성하며, 의사소통을 하고, 비슷한 감정을 공유합니다. 하지만 우리는 동물원에서 '온통 돌밖에 없는 전시장의 쇠창살 속에 홀로 전시된 유인원'을 흔히 볼 수 있습니다.

보고 싶어 하는 것을 전시하는 곳

동물원은 세 가지 기능을 갖고 있습니다. 야생 동물의 교육이나 연구, 야성의 통제와 길들이기, 통제된 야성의 전시와 관람. 이런 현상을 두고 올리비에 라작은 『텔레비전과 동물원』에서 동물원을 '연구소와 감옥과 극장을 섞어 놓은' 기관이라고 말합니다.

라작은 동물원의 성격을 19세기 후반 유럽에서 유행한 인종 전시회에서 추론합니다. 파리에서만 1877년부터 1912년까지 스물네 번의 큰 인종 전시회가 열렸습니다. '에스키모인, 남미 팜파스의 목동, 푸에고인, 갈리비족, 아로카 인디오, 신할리족, 아샨티인, 호텐토트족, 라플란드인, 코사크인, 소말리아인, 다호메이인, 이집트인, 카리브 인디언, 코트디부아르 원주민, 인도인, 갈라인, 난쟁이, 흑인' 등이 전시되었습니다.

낯선 삶을 그대로 보여 준다는 선전과 기대에도 불구하고 관람객은 흥미 있는 것만 보고 싶어 했습니다. 전시회는 상업적 목적 때문에 이런 유행을 더욱 부채질했지요. 프랑스는 서 아프리카 다호메이 왕국과 전투하던 1891년에 다호메이족 사람들을 잡아다 전시하고 그들에게 전사의 춤과 전투를 흉내 내라고 요구했습니다. 관람객은 '공격적이고 잔인한 흑인 이미지'를 보고 싶어 했기 때문입니다. 이것은 다시 폭력적인 원주민이라는 이미지를 만들어냄으로써 정복과 폭력을 정당화했습니다.

라작은 "군중의 호기심은 낯선 것의 발견에 대한 호기심이 아니라 선입견을 확인하려는 호기심"이라고 규정합니다. 전시되는 인종의 열등함과 자신들의 우월성을 입증하기 위해 전시를 하고 그들에게 열등한 행동을 연기하도록 강요하고, 그런 행동을 근거로 자신들의 정복에 대한 정당성을 강조하는 한편 그들의 삶을 파괴하는 것을 정당화했습니다.

동물원 역시 다르지 않습니다. 동물 쇼에서 보여 주듯이 사람들이 보고 싶어 하는 것을 연기하도록 훈련시킵니다. 1920년대 후반 런던 동물원에서는 어린 침팬지들이 사발과 접시, 숟가락, 컵, 찻주전자를 품위 있게 다루는 연기를 합니다. 공연이 지루할 때쯤 미리 훈련시켜 놓은 '좋지 못한 품행'을 보여 줍니다. '찻잔을 주전자에 빠뜨리거나 주전자 주둥이에 입을 대고 마시는' 행동을 완벽한 타이밍에 하는 것이지요. 동물행동학자인 프란스 드 발은 이런 연기는 인간처럼 보이려고 애를 쓰지만 결국 비참하게 실패하고 마는 동물들의 이미지를 보여 주기 위해 고안한 것이라고 말합니다.

그림책에서 그리는 동물원의 미래

그림책에도 그런 측면이 엿보입니다. 『동물원』에는 통제된 동물의 모습이 자주 나옵니다. 오랑우탄은 콘크리트 벽에 갇혀 웅크린 채 구석에서 꼼짝도 하지 않습니다. 북극곰은 꼭 바보처럼 하릴없이 왔다 갔다 하기만 합니다. 동물원 우리에 갇혀 야성을 빼앗긴 행동을 보여 주지요.

『서로를 보다』에서 본 동물들이 좁은 공간에 갇혀 있는 모습이 기억에 선명합니다. 하루종일 창살에 매달리는 긴팔원숭이, 멀뚱멀뚱 가만히 앉아 있는 올빼미, 높이 뛸 수 있어도 뛰고 싶지 않은 바바리양, 할 일이 없어 잠만 자는 프레리도그. 환경 탓에 어쩔 수 없다고 해도, 그리고 야생에서는 그렇지 않다고 알고 있어도 동물원에서 무기력한 모습을 보면 우리는 본능이거나 낮은 지능 때문이라고 해석합니다.

앤서니 브라운은 『동물원』에서 동물원은 '사람들을 위한 곳'이라고 정리합니다. 그리고 주인공은 동물원에 갇혀 있는 꿈을 꿉니다. 이를 통해 동물들이 사람을 구경하는 건 아니냐고 의문을 제기합니다.

『서로를 보다』는 이렇게 동물과 동물인 사람이 서로 '우리 안에서, 우리 밖에서' 바라보는 측면을 더 강조합니다. 마지막에 '콘도르'가 '어떤 것에도 얽매이지 않는 자유'라는 뜻임을 알려 주며 콘도르가 하늘 높이 날고 있는 그림을 보여 줍니다.

그런 동물을 보고 반성하라는 것일까요? 아니면 동물도 불쌍하지만 사람도 다르지 않다고 얘기하는 것인가요? 물론 부정할 수는 없습니다. 하지만 너무나도 추상적인 결론입니다. 동물 복지를 위해, 우리 삶에 대해 현실적으로 무슨 일을 하고 어떤 방향으로 나아가면 좋은지 알아내기 힘듭니다. 그래서 아이들 역시 동물원의 동물들이 불쌍하다는 느낌만 이야기합니다. 게다가 지금 변하고 있는 동물원의 모습조차 반영하지 않고 있습니다. 현실에서는 돈이나 여론 등 한계가 있겠지만 그림책은 그렇지 않을 텐데, 현실보다 더 다양하고 새로운, 미래의 모습을 보여 주지 못하고 있습니다.

통제받지 않고 자유롭다는 것

동물이 좁은 공간에 갇혀 있고, 환경과 건강을 보살피지 못하는 것만 문제는 아닙니다. 이보다는 구체적인 삶의 터전을 빼앗긴 채, 자신의 고유한 활동을 통제받으면서 인간이 기대하는 행동을 강요당하는 동물원을 비판하며 '동물원 폐지'

같은 비판 이외엔 별다른 목소리가 들리지 않는 것이 더 큰 문제라고 봅니다. 이렇게 토대를 빼앗고, 무기력한 상태에서 상대가 기대하는, 즉 열등함을 입증하는 행동을 요구하는 모습은 다른 영역에서도 쉽게 찾아볼 수 있습니다. 지배층이 장애인이나 노숙자 등 사회적 약자를 대하는 태도나, 일부 어른들이 경쟁이라는 이름으로 아이를 교육시킬 때 그런 모습이 엿보이곤 합니다.

동물원의 바람직한 미래는 어떠해야 할까요? 로브는 이런 동물원을 소개합니다. 미국의 애리조나주에 있는 애리조나-소노라 사막 박물관은 다른 기후의 지역에서 온 야생 동물을 전시하지 않습니다. 대형 동물원인 베를린 동물원이 5000여 종을 전시하는 것에 비해 이 박물관은 300여 종의 동물만 전시하고 있습니다.

중국에는 쓸개즙 때문에 사육되던 곰을 구조하고 보호하는 곰 구조센터가 있고, 미국에는 코끼리 보호구역이 있습니다. 자연 속에서 뛰노는 동물을 볼 수 있는 생태공원에서 사람들은 망원경으로 동물을 관찰합니다. 로브는 동물원이 아니라 야생동물 보호소나 전문 시설을 찾아가라고 권합니다.

『서로를 보다』에서는 사람도 동물이므로 서로를 바라보면서 공감하거나 느끼라고 말하는데 사실 천적이 자신을 바라보는 것만으로도 동물들은 공포를 느낄 것입니다. 자신에 맞는 환경이 아닌 곳에서, 또 천적으로부터 숨을 수 없는 상황에서 동물들은 자신의 본래 모습을 드러낼 수 없습니다.

대신 환경에 맞는 특정 동물들만 자연스럽게 생활할 수 있는 시설을 건설하도록 동물원을 바꿔야 합니다. 다양한 동물을 한자리에서 본다는 욕구를 포기해야 하지요. 또 무척 넓은 곳을 돌아다니는 동물을 보는 것은 영상으로 만족해야 하고요. 실제로 동물들이 먹이 사냥하는 것이나 서로 싸우는 것은 영상으로 관람하고 있으니까요. 또 밤에만 활동하는 동물들을 관람할 수 있는 야간 개장도 필요하다고 봅니다. 도시 변두리가 아니라 산속이나 바닷가 근처 또는 특정 지역에서 환경에 맞는 동물들만 전문화된 형태로 갖춰 놓는 것도 한 방법일 것입니다. 요즘은 직접 볼 수 있는 동물이 거의 없으니까요.

이런 동물원을 통해, 그리고 원래 환경 속에 사는 동물 모습을 통해 우리가 잃어버린 야성을 되찾고, 낯섦을 받아들임으로써 우리의 삶이 풍부해지는 계기로 삼을 수 있습니다. 그렇게 하려면 우리 입맛에 맞는 동물원을 꿈꾸거나 동물원을 폐지하는 것이 아닌, 현실적인, 그렇지만 가까운 시기에는 자금 부족 등으로 꾸밀 수 없는, 미래의 동물원 모습이 그림책으로 나오면 좋을 것입니다. 아이들이 그런 그림책을 보고 지금 동물원을 본다면 동물원을 좀 더 나은 방향으로 바꿔야겠다고 생각하지 않을까요?

전쟁과 평화를
가르치는 법

『나는 평화를 꿈꿔요』
유니세프 엮음, 비룡소

『꽃할머니』
권윤덕 지음, 사계절

『여섯 사람』
데이비드 맥키 지음, 비룡소

세상이 어지러울수록 수많은 사람들이 목숨을 잃습니다. 전쟁을 중시하는 사회일수록 생명을 존중하지 않습니다. 예전엔 전쟁 통에 민간인이 많이 죽었다고 놀랐지만 이젠 전쟁이 없어도 빈곤, 사고 등으로 많은 사람들이 죽습니다. 개인적인 이유로 자살하는 것까지 사회가 어느 정도 책임을 져야 한다고 생각한다면 정말로 많은 사람들이 평화롭지 않은 세상 때문에 목숨을 잃습니다.

　　이런 세상에서 아이들에게 '전쟁'은 왜 일어나고, '평화'는 왜 지켜야 하는지 가르칠 필요성이 절실해집니다. 우리와 관련 없는 전쟁으로 생각했지만 막상 그런 전쟁 같은 상황이 닥쳤을 때 이웃의 무관심한 모습에 크게 절망하게 됩니다. 그래서 지구촌에서 지금도 일어나고 있거나 우리 역사에서 일어난 전쟁을 그린 그림책을 통해 아이들에게 열심히 설명합니다. 아이들은 묻습니다. "왜 전쟁이 일어나나요?" 이 질문에 어떻게 설명하면 좋을까요?

전쟁을 다룬 그림책

　　『나는 평화를 꿈꿔요』에는 옛 유고슬라비아 어린이들의 눈에 비친 전쟁의 모습이 나옵니다. 전쟁으로 부모를 잃고 정신적인 상처를 입은 아이들을 치유하기 위해 유니세프는 아이들한테 그림을 그리고 글을 쓰게 했습니다. 이 책의 추천 글을 보면 "평화를 희구하는 간절함과 견디기 힘든 공포, 그 속에서도 놀랍게 타오르는 희망, 어린이들은 어른들이 일으킨 전쟁으로 인해 죄 없이 희생되고 있는 그들 자신의 입장을 강하게 항변하고 있다."고 합니다.

열네 살 둔냐는 정의를 위해 싸우느라 사람들이 많이 죽었는데, 무엇을 위해 싸우는지, 누구와 싸우는지 사람들은 알고 있는지 질문을 던집니다. 그러면서 자신은 나라도 없고 희망도 없다고 말합니다.

『꽃할머니』는 한·중·일 평화그림책 프로젝트로 출간된 그림책으로 일본군 '위안부'였던 심달연 할머니의 증언을 바탕으로 그린 책입니다. "연령이 낮을수록 일본과 일본인에 대한 증오와 복수심을 나타내는 경향"이 있기 때문에 "군인들의 얼굴을 그리지 않는" 등 '정제된 슬픔'을 잘 표현하고 있다고 출판사는 소개하고 있습니다. 일본군 '위안부' 문제는 "군국주의 국가가 저지른 제도적 성폭력"이기 때문에 그 점을 분명히 해야 일본인에 대한 증오를 벗어나게 할 수 있다고 말입니다.

2010년 이 책이 출간되었을 때 '위안부' 문제를 다룬 그림책은 거의 없었습니다. 게다가 일본 정부는 아직도 인정하지 않으므로 일본 측 출판사인 도신샤는 출간에 난색을 드러냈다고 합니다. 그래서 작가는 초등학교 한 곳과 중학교 한 곳을 방문해, 학생들과 학부모들을 대상으로 책을 읽어 주었습니다. 한 중학생은 "이런 사실을 이제껏 모르고 있었다는 것이 놀랍다. 정직한 역사교육이 이루어지도록 이 책을 널리 알릴 필요가 있다고 있다."는 반응을 보였다고 합니다.

『여섯 사람』은 펜으로 그린 단순화 그림인데, "이 책만큼 전쟁이 어떻게 일어나는지를 극명하게 보여 주는 책은 없다."는 평을 받고 있습니다. 앞의 두 책이 구체적인 역사적 사실을 그렸다면 이 책은 일반적인 전쟁의 진행 과정을 그렸습니다. 줄거리가 단순합니다.

여섯 사람이 평화로이 살 수 있는 땅을 찾았는데 그 땅을 빼앗길까 봐 군인을 뽑습니다. 평화가 계속되자 군인이 하는 일도 없고, 싸우는 방법을 잊을까 봐 옆 농장을 빼앗으라고 명령합니다. 힘을 맛본 여섯 사람들은 계속 주변 농장을 점령합니다. 강 건너로 도망간 농부들도 일부 사람을 군인으로 훈련시킵니다. 양쪽 보초들이 물오리를 향해 쏜 화살을 오해하고 전쟁을 합니다. 거의 모든 사람들이 죽고, 여섯 사람은 다시 평화로이 살 수 있는 땅을 찾아 떠납니다.

'너무 리얼해서 산혹한 동화'라거나 '코믹하다'는 서평도 있습니다. 아이들이 "어른들은 왜 전쟁을 하는 거야?" 하고 물을 때 이 책을 권하면서 대답합니다.

"그건 욕심과 불신 때문이야."

세 권의 그림책은 모두 전쟁을 반대하고 평화를 얘기하는 책입니다. 이 책을 통해 어른들은 아이들에게 전쟁의 잔혹함과 평화의 소중함을 설명해 줍니다. 지금도 지구촌 곳곳에서는 전쟁이 일어나 어린이들이 큰 상처를 입고 있고, 전쟁으로 여성들이 겪은 성폭력의 과거를 결코 잊어서는 안 된다고 말하고, 끊임없이 전쟁이 일어나는 건 욕심 때문이라고 설명하고 있지요.

그러면 아이들은 어떤 생각을 하고 어떤 감정을 느낄까요? 아마도 가만히 듣거나 고개를 끄덕이는 정도, 더 나아가 전쟁을 하는 어른들을 비판하고, 전쟁을 일으킨 나라를 비난할 것입니다. 하지만 따돌림, 형제자매 갈등, 남녀 차별에 대해 격분하는 수준의 감정은 드러내지 않습니다. 그 이유는 우리 주변의 아이들에게는 전쟁의 잔혹함과 연결시킬 만한 유사한 체험이 없기 때문입니다. 책읽기라는 간접 경험을 통해 열심히 알려 주면서도 염려스럽습니다. 전쟁을 반대하고 평화를 지키려고 노력해야 한다는 절심함이 어른들이 기대하는 것만큼 생길 수 있을까 하고요.

아이들이 간접적으로 경험한 전쟁

글자와 그림은 현실에 비교하면 상징에 속합니다. 전쟁 후유증을 앓고 있는 어린이들이 마음의 문을 닫았다가 다시 열면서 그림을 그리고 글을 쓰는 과정이 치유의 효과를 가져오듯 상징으로 표현된 이야기를 읽고 보는 아이들은 의식·무의식적으로 영향을 받을 것입니다. 문제는 그림책을 읽을 때 대충 읽지 않고 집중하고 생각하면서 읽어야 하는데 대부분의 아이들이 그런 여유나 흥미를 느끼지 못하기 때문에 효과는 크지 않을 것입니다.

어른들도 비슷합니다. 텔레비전을 통해 전쟁을 접하고 피해당한 사람의 고통에 마음 아파하다가도 다른 내용으로 넘어가면서 하나의 뉴스로 받아들입니다. 마치 타인의 고통을 볼거리처럼 받아들이는 것이지요. 그래서 그 참상을 안다고 말할 수 있지만 그들이 겪은 고통을 체험하지 못하기에 자신은 전쟁, 고통에 무기력함을 느낍니다. 심지어는 자신과 관련이 없다고 생각하게 됩니다.

더군다나 요즘 아이들은 컴퓨터 게임을 통해 전쟁 등 잔혹한 폭력을 시각적으로 경험합니다. 여기서 총 쏘고, 칼 휘두르고, 피 튀기고, 사람을 죽이는 장면에 반복적으로 노출되면서 이런 모습에 무덤덤해집니다. 자극적인 영상에 익숙한 아이들이 간접적인, 절제된 전쟁의 모습을 얼마나 진지하게 받아들일 수 있을지 의문이 듭니다.

『전쟁은 왜 일어날까?』, 질 페로 글, 세르쥬 블로슈 그림, 다섯수레

게임은 게임이고, 오락은 오락이라고 주장할 수 있습니다. 그러면 의식적으로 영향을 주는 교과서나 역사 공부를 생각해 봅시다. 한 고등학생은 『전쟁은 왜 일어날까?』를 읽고 이렇게 썼습니다.

"국사 책을 보면 전성기 때인 고구려가 중국, 백제, 신라와 싸운 것은 나와 있지만 고구려 사람들이 평화롭게 살았는지는 안 나와 있다. 이처럼 사람들은 평화보단 전쟁을 더 잘 기억한다. 아무리 평화가 온다고 해도 그때만 평화롭지 아무도 그 평화를 역사에 남기지 않을 것이다."

그렇습니다. 어른들은 고구려의 전성시대나 수·당과의 싸움, 신라의 삼국 통일 등을 자랑하지만 그 바탕에 전쟁이 깔려 있다는 사실을 잊습니다. 그래서 아이들에게 전쟁이 일어나면 안 된다고 강조하지만, 아이들은 역사에서 배운 내용을 떠올리면서 고개를 갸우뚱합니다.

전쟁을 다룬 합작 그림책

『나는 평화를 꿈꿔요』에 나오는 그림을 읽고 아이들이 전

쟁의 모습을 상상하는 것은 매우 어려울 것입니다. 물론 직접 경험한 아이들에게는 더 강렬하겠지만, 비슷한 경험을 겪지 않은 아이들에게는 별 느낌이 없을 수 있습니다. 예를 들어 열네 살 수잔나가 그린 '다쳐서 병원에 입원한 아이들'에는 침대에 누워 있는 14명의 아이들 모습이 나오는데 앞뒤 맥락을 파악하지 못하면 다쳤다는 것도 읽어내지 못할 것입니다.

『꽃할머니』는 역사 교과서에서 중요하게 다루지 않고, 일본 정부도 인정하지 않는 일본군 위안부가 있었다는 역사적 사실을 증언하고 있기에 이런 그림책은 매우 중요합니다. 또 관련 책이나 사람들에게 관심을 갖고, 시위에 동참하는 계기가 될 수 있다는 점에서 긍정적으로 생각합니다.

엄마들은 이 책을 통해 아이들에게 전쟁의 잔혹함, 성폭력의 잔인함을 알려 주고 싶어 합니다. 그래서 "전쟁에 반대하고 인권을 존중해야 하고, 전쟁을 일으키고 인권을 짓밟은 자들과 그 일을 승인하거나 묵인, 방조한 국가들로 하여금 사죄하게 해야 한다."고 열심히 설명합니다. 하지만 아이들이 동감할지 의문입니다.

평화 그림책 프로젝트의 시각을 보면서 기대하는 바를 이룰 수 있을지 걱정이 듭니다. '국가 차원의 사죄와 보상이 없음을 부끄러워하는' 일본 작가들이 평화의 가치를 담은 그림책을 그리자고 중국·한국 작가에게 제안했다고 하는데 의심스럽습니다. 과거에 일본에서 다룬 전쟁 이야기는 대부분 자신들이 피해자라는 입장만 강조했기 때문입니다.

『사쿠라』, 다바타 세이이치 지음, 사계절
『군화가 간다』, 와카야마 시즈코 지음, 사계절

이번 프로젝트의 일본 측 그림책인『사쿠라』,『군화가 간다』는 작가의 자전적 이야기입니다. 어릴 때 전쟁은 나라를 위한 것이라고 배웠지만 어른이 되고 보니 원한과 슬픔만 남았다고 합니다. 그리고 군화가 짓밟고 간 조선, 중국, 필리핀 등은 망가져 갑니다. 또 그런 명령을 내린 국가도 '너덜너덜해지고 말았다.'고 합니다. 피해를 준 사람들에게 반성하는 의미보다는 전쟁으로 모든 사람이 피해를 입었다는 뜻을 더 내포하고 있습니다. 책임은 모호하게 국가, 특히 당시 군국주의 국가에게 돌립니다. 게다가 지금 평화와 번영이 과거 전쟁과 어떤 관련이 있는지 암시하는 대목이 없습니다.

초등학교 5학년인 아이는 주변에 일본을 싫어하는 아이가 많다고 합니다. 이유를 물어보니 "난 일본이 싫어요. 당해서……."라고 자신 없게 대답합니다. 독립기념관 등 당시 모습을 전시한 전시관이나 김구 등 위인전에 영향을 받지 않았을까 합니다. 그래도 그 아이는 "『사쿠라』를 읽고 원자폭탄으로 피해를 받은 사람이 많은 걸 알았다. 그런데 그 피해를 받은

사람 중에서 우리나라를 공격한 사람들은 거의 없었다."고 조심스럽게 글을 썼습니다.

가해자와 피해자가 바라보는 전쟁

우리는 전쟁을 반대하고 평화를 이야기를 할 때 우리가 피해자라거나 피해자인 여성이나 어린이 입장에서 이야기를 합니다. 전쟁의 비참함이나 잔인함을 잘 드러낼 수 있기 때문에, 또 작가들이 그런 피해자의 시각에서 전쟁을 바라보기 때문에 그러할 것입니다.

그렇지만 피해자의 입장에서 상징적으로 그린 전쟁 이야기는 한계가 많다고 생각합니다. 그림책이 보여 주는 예술적 상징성은 텔레비전 등 영상 매체가 아이들을 자극하는 강도에 훨씬 못 미칩니다. 따라서 재미없어 할 뿐 아니라 심지어는 그림책에 나온 전쟁이 비참하지 않다고 해석할 수 있습니다. 이것은 그림책의 한계이기 때문에 어쩔 수 없지요. 또 우리가 피해자라는 입장에서 바라보는 전쟁은 '이겨야 산다'는 경쟁 논리에 익숙한 요즘 아이들에게 불편한 느낌을 줍니다. 실패한 경험을 되새김질하고 싶지 않기 때문입니다.

더구나 요즘 아이들은 전쟁에 대해 '백지' 상태가 아니라는 점을 인정할 필요가 있습니다. 만화, 게임 등을 통해 이미

형성된 관념을 통해 해석할 가능성이 높습니다. 또 아이들은, 특히 전쟁의 경험을 직·간접으로 겪지 않은 아이들은 전쟁을 피해자의 입장에서 바라보지 않습니다. 오히려 승리자의 입장에서 바라보지요. 교과서에 나오는 역사가 그러하고, 영화에 나오는 전쟁이 대체로 그런 시각을 유지하고, 컴퓨터 전쟁 게임 역시 승리의 쾌락을 맛보게 합니다.

이런 점에서 전쟁을 일으킨 사람의 입장에서 바라본 『여섯 사람』은 의미가 있습니다. 하지만 이때 전쟁을 일으킨 쪽이나 당하는 쪽, 또 가해자나 피해자가 결국 똑같다는 시각은 문제가 있습니다. 더군다나 전쟁을 보편적으로 바라보느라 그 원인을 '욕심'이나 '불신'이라고 규정짓는다면 전쟁은 불가피하다고 전제하는 것이라 문제가 있습니다.

또 강자 또는 남성의 시각에서 전쟁을 바라볼 때는 대체로 전쟁은 불가피하다는 내용을 담고 있고, 심지어는 전쟁에서 '우리'가 살아남았다는 메시지를 줍니다. 그래서 평화와 인권을 강조하는 사람들을 불편하게 합니다. 전쟁이 불가피하다고 해도 전쟁은 여전히 필요'악'인데 잘못하면 전쟁을 옹호하는 결과를 낳으니까요.

한 권의 그림책에서 전쟁과 평화를 같이 이야기하기는 매우 어렵습니다. 전쟁의 가해자와 피해자의 시각을 같이 보여 주는 것도 어렵지요. 또 전쟁 자체를 구별하지 않고 그러니까 침략 전쟁과 방어 전쟁을 구분하지 않는 것은 위험한 사고라고 생각합니다. 정당한 전쟁이 있다고 생각하지는 않지만 전쟁을 벌이지 않아 더 큰 피해를 입을 수 있는 상황이라면 전쟁을 피할 수 없지요. 예를 들어 임진왜란 때 우리 민족은 끝까지 싸웠지만 일제강점기 때는 전쟁이 일어나지 않았습니다. 전쟁 상황도 비참했지만 일제강점기는 더 비참했습니다.

일본군 위안부를 다룬 『꽃할머니』에서는 일본이나 일본인을 비난하지 않고 전쟁의 참상을 얘기하고자 합니다. 군국주의 국가가 저지른 제도적 성폭력을 강조하면서 군인과 군대를 비난하지 않으려면 어떻게 해야 할까요? 전쟁의 원인이 보편적인 욕심이나 불신이기 때문에 전쟁이 불가피한 것이라는 생각을 피하려면 어떻게 해야 할까요?

전쟁을 일으킨 집단, 즉 전쟁으로 이익을 본 지배층 내 소수 집단을 '구체적으로' 거론해야 이런 모순에서 벗어날 수 있지 않을까 생각합니다. 그들은 전쟁에서 승리를 할 때는 고통을 감수할 만한 이유가 있다고 선전합니다. 또 전쟁으로 민중이 피해를 볼 때는 특정 개인이나 상대 국가 등 추상적인 제도를 비난합니다. 국가나 민족 등 '우리'란 이름에 숨어서.

전쟁을 어떻게 가르칠까

전쟁이 불가피하다는 점을 인정하고 싶지 않더라도 인류 역사는 전쟁을 통해 변화, 성장하고 있습니다. 현재 민족이 흩어지고, 국가의 힘이 약하더라도 한때 강했던 역사를 자랑하는 나라들은 전쟁의 위대함을 아이들에게 가르치고 있습니다.

하지만 이길 수 없는 전쟁, 예를 들어 일제강점기 전후 전쟁과 비슷한 저항을 통해 우리 민중의 삶이 덜 피폐해졌다고 해석할 수 있습니다. 반면 승리한 전쟁을 통해 국가는 강해졌을지 몰라도 민중의 삶이 더 비참해진 경우도 있겠지요.

일반적인 전쟁의 폐해나 비참함을 통해 아이들에게 평화를 가르치는 일은 쉽지 않을 것입니다. 한 가지 대안으로, 구체적인 전쟁을 하나씩 살펴보고 누가 이득을 보고 있는지, 즉, 전쟁을 통해 부와 권력을 획득한 집단과 다수 민중 간의 사회적 간극이 더 벌어지는 것은 아닌지 밝혀내면서 전쟁이 아닌 유사 평화 상황에서도 그런 차별이 더 심해지는지 줄어드는지 관심을 갖게 하는 이야기가 필요합니다.

전쟁은 국제정치라고 말할 정도로 국가 간 갈등은 전쟁을 최종 해결책으로 상정하고 있습니다. 또 국내에서도 경제적 불평등과 이로 인한 자살·타살은 전쟁 때 벌어진 사망률과 유사할 정도입니다.

미국의 정신의학자 제임스 길리건은 『왜 어떤 정치인은 다른 정치인보다 해로운가』에서 보수 정당, 즉 공화당 출신이 대통령이 될 때마다 온 나라가 자살과 살인이라는 '치명적 전염성 폭력'으로 고통받는다고 주장합니다. 1900년부터 2007년까지 미국의 자살률과 살인율의 추세를 연구한 결과인데, 1969년부터 1992년까지 24년 동안(중간에 지미 카터 민주당에서 4년 집권) 공화당이 집권할 동안 대체로 10만 명당 20명이 넘는 수준을 유지했고, 1993년 민주당의 클린턴이 취임하면서 하락세를 보여 재선 마지막 해인 2000년에는 16명까지 떨어졌다고 합니다.

이와 유사하게 전쟁이 일어나면, 전쟁에서 이기든 지든, 전쟁을 일으킨 세력과 다수의 민중 간에 사회적 차별이 심해지는 경우가 많고, 반면에 평화 시기에는 그 차별이 줄어든다는 식으로 얘기하는 것이 전쟁과 평화를 같이 얘기할 수 있는 한 방법일 것입니다.

낯선 삶에 진심으로 공감하기

『내가 라면을 먹을 때』
하세가와 요시후미 지음, 고래이야기

『맑은 하늘, 이제 그만』
이욱재 지음, 노란돼지

『로쿠베, 조금만 기다려』
하이타니 겐지로 글, 초 신타 그림, 양철북

아이들이 읽는 그림책은 다른 사람에 대한 공감과 약한 존재에 대한 연민의 감정을 중요하게 이야기합니다. 그런데 공감과 연민은 차이가 있습니다. 어떻게 다를까요? 공감은 '남의 주장이나 감정, 생각 따위에 찬성하여 자기도 그렇다고 느끼거나 그러한 마음'입니다. 연민은 '불쌍하고 가엾게 여기는 것'입니다. 모두 귀중한 가치입니다. 이런 마음이 없을 때 타인의 고통을 모른 척하게 됩니다. 정치학자 한나 아렌트는 나치 지배 당시 평범한 독일인들이 관료화된 언어로 인해 이런 마음을 잃어버려서 유태인이나 '비정상인'들을 아우슈비츠에서 죽이는 악행을 태연하게 저지를 수 있었다고 합니다.

그런데 공감과 연민의 영역은 일상에서는 겹치는 부분도 많지만 그것을 분명하게 구별하는 사람도 있습니다. 소설가 하이타니 겐지로는 오키나와 언어에는 '불쌍하다'는 낱말이 없다고 하면서 '불쌍하다'는 언어로는 고통을 함께 나눈다는 느낌이 들지 않는다고 합니다. 사진작가 수전 손택은 타인의 고통에 연민만 느껴서는 안 된다고 합니다. 잔혹한 이미지를 보고 갖게 된 두려움을 극복하고 아무것도 할 수 없다는 무력감을 떨쳐내기 위해서는 말이지요.

하세가와 요시후미가 그리고 쓴 그림책 『내가 라면을 먹을 때』와 이욱재가 그리고 쓴 『맑은 하늘, 이제 그만』, 그리고 하이타니 겐지로가 쓴 글 『로쿠베, 조금만 기다려』에서 연민과 공감이 어떻게 나타났는지 살펴보겠습니다.

공감을 보여 주는 그림책

『내가 라면을 먹을 때』는 내용이 단순합니다. 내가 라면을 먹을 때 옆에서 고양이 방울이는 하품을 합니다. 방울이가 하품을 할 때 이웃집 미미는 텔레비전 채널을 돌리고 이웃집의 이웃집 디디는 비데 단추를 누르고, 그 이웃집 아이는 바이올린을 켜고, 이웃마을 남자아이는 야구를 하고, 여자아이는 달걀을 깹니다. 같은 시간 이웃나라 아이들은 자전거를 타고, 아기를 보고, 물을 긷고, 소를 몰고, 빵을 팝니다. 맞은편 나라의 산 너머 나라 남자아이는 쓰러져 있습니다. 쓰러진 아이 옆에 바람이 불 때, 라면을 먹고 있는 내 창문에도 바람이 붑니다.

책 소개나 서평에 나오는 주제는 '세계는 하나로 이어져 있다'로 거의 비슷합니다. 지구 한쪽 아이들이 마음껏 먹고, 마음껏 놀고, 마음껏 꿈을 펼칠 때, 다른 쪽 아이들은 아기를 돌보고, 빵을 팔아야만 겨우 삶을 이어갈 수 있는 처지에 있습니다. 게다가 굶주림으로, 아니면 전쟁 때문인지 알 수 없지만 쓰러진 아이도 있지요.

제주도의 한 '작은 학교' 교사 문용표는 이 책이 자신에게

"누군가의 불행을 곁에 두고 당신은 행복할 권리가 있나요? 더욱이 당신의 그 행복이 누군가의 불행 속에 피어난 꽃과 같은 거라면, 그런 세상이 진정 행복하고 평화로운 세상인가요?"라고 물었다고 합니다. 그는 아이들과 함께 '분쟁지역 평화도서관 프로젝트'를 진행하고 있습니다. 장터와 헌책방을 통해 모금한 돈은 동티모르, 티베트, 민다나오의 평화도서관을 짓는 데 보태고 있지요.

하지만 이런 실천을 하지 않거나 그런 경험이 없더라도 책을 읽고 추론하면서 생각할 수도 있고, 경험 있는 사람의 상세한 설명을 들을 수도 있고, 또 비슷한 간접 경험을 겪을 수도 있는데 이런 방법으로도 공감할 수 있을까요?

이욱재가 쓴 『맑은 하늘, 이제 그만』은 제목부터 호기심을 줍니다. 한국의 여덟 살 소녀 맑음이는 콸콸 나오는 수돗물로 양치질을 합니다. 엄마도 콸콸 나오는 수돗물로 설거지를 하고, 아빠도 콸콸 나오는 수돗물로 자동차를 닦습니다. 텔레비전을 볼 때 수도꼭지에서 물이 똑똑 떨어지지만 신경 쓰지 않습니다. 그런데 텔레비전에 수단에 사는 여덟 살 소녀 아리안의 이야기가 나옵니다. 물을 길으러 3시간 넘게 걸어가야 하고, 좋은 웅덩이를 차지하려고 다른 마을 아이들과 싸움을 해야 합니다. 뙤약볕 아래 걷다가 지쳐서 쓰러지지 않도록 기린의 오줌으로 몸을 식힙니다. 맑음이는 얼른 수도꼭지를 잠급니다. 그리고 다음 날 비가 오는 걸 보고 컵, 냄비, 양동이 등을 내놓아 물을 받습니다. 빗물을 모아 아리안에게 보내 주겠다고 말하지요. 따뜻한 마음을 느낄 수 있습니다. 엄마는 감기 걸리겠다며 맑음이를 꼭 안아 줍니다.

우리 집 수도꼭지를 잘 잠근다고 아프리카 사람들이 물 부족에서 벗어날 수 있다는 것은 아닙니다. 하지만 이런 작은 변화처럼, 그림책을 통해 물 부족의 심각성을 간접 체험할 수 있습니다.

이해와 공감은 다르다

하지만 다르게 생각해 봅시다. 라면을 먹던 아이가 다른 나라에 쓰러진 아이와 같은 시공간에 살고 있음을 진정 느끼고 있을까 궁금해졌습니다. 맑음이가 아리안의 상황에 공감했다고 말할 수 있을까요? 왜냐하면 맑음이는 아리안과 비슷한 처지도 아니고 고통을 겪기는커녕 불편함도 느끼지 않는 상태이기 때문입니다. 아리안 역시 수돗물을 콸콸 쓰는 아이가 빗물을 받으려고 빗속에 쭈그리고 있는 상황에 공감할 수 없을 뿐만 아니라 이해하지도 못할 것입니다

심리학자 아비가일 베어드는 청소년들이 추상적 가치를

이해할 수는 있어도 느끼지는 못한다고 주장합니다. 그는 '바퀴벌레 삼키기', '상어 떼와 헤엄치기' 같은 생각을 할 때 두뇌의 어떤 부분이 활성화되는지 실험하고 "아이들은 말 그대로 '생각'을 하고 있었습니다. 느끼고 있지 않았어요."라고 말했습니다. 왜냐면 불쾌한 생각과 연관시킬 만한 고통스런 경험이 부족하기 때문입니다.

삐아제는 '아동은 구체적인 사건들에 대해 사고하는 인지발달단계에 있기 때문에 청소년처럼 추상적으로 사고하는 것이 힘들다.'고 주장합니다. 그렇다면 아이들은 자신이 겪어 보지 못한 고통이나 직접 만나지 않은 사람들의 아픔을 추상적으로 사고하거나 느끼는 것은 매우 어려울 것입니다.

이런 상상을 해 봅시다.

'내가 라면을 먹을 때 어떤 아이는 몇십만 원짜리 식사를 한다. 그 옆에는 식사할 때 시중드는 사람이 있다. 내가 컴퓨터 게임을 할 때 어떤 아이는 첨단 장비를 동원, 오지 여행을 한다. 내가 자전거를 탈 때 어떤 아이는 전문가의 지도하에 헬리콥터를 몬다.'

이런 물질적인 풍요가 행복을 주는 것은 아니라고 무시할 수 있습니다. 아무튼 나는 이런 삶을 누리는 아이에 공감하지 못합니다. 최상류층 아이들도 라면을 먹을 때가 있을 것이고,

형편이 어려워도 고급 레스토랑에서 밥을 먹은 적은 있을 것입니다. 그래도 우리는, 아니 나는 '다 같은, 평등한 인간'이라고 말할 때 왠지 그들은 포함되지 않는 듯한 느낌을 갖고 있습니다. 어쩌면 그들도 '우리와 동등하지 않다'고 생각할 것입니다.

> 『태양의 아이』, 하이타니 겐지로 지음, 양철북

그런데도 우리는 어려운 처지에 놓여 있는 삶에 공감한다고 쉽게 말합니다. 우리도 어려움, 배고픔, 외로움, 아픔 등의 고통을 겪은 적이 있다고 하면서 당신들의 삶을 이해한다고 말합니다. 정도 차이는 있겠지만 비슷한 고통을 겪었다고 하면서.

하지만 그들이 우리의 공감을 받아 줄까요? 같은 고통이라고 인정할까요? 우리 모두 이어져 있다고, '우리는 하나'라고 생각할까요? 최상류층 사람들이 우리와 평등하다고 느끼지 못하는 것처럼 빈곤층 사람들도 마찬가지 아닐까요?

하이타니는 『태양의 아이』에서 로쿠 아저씨 사례를 얘기합니다. 한 일본 경찰이 일본인은 모두 평등하다고 하면서 오키나와 사람들은 너무 향토색이 짙다고 비난하자, 로쿠 아저씨는 잘려나간 팔을 내보이며 오키나와전쟁 때 겪었던 이야기를 합니다. 본토에서 온 군대가 갓난아이의 울음소리가 새어나가면 우리 모두 죽는다고, 자기 자식이라도 죽이라고 해서 자신의 아이를 죽였지만, 본토 군인들은 모두 도망쳤다고 합니다.

그러면서 '이래도 평등하냐'고 반문합니다.

이런 얘기를 읽을 때마다 '내가 공감할 수 있을까? 내가 공감한다고 해도 그들이 받아 줄까? 예의상 고맙다거나 알겠다고 하는 것은 아닐까?' 하고 생각해 봅니다. 또 내가 공감이 아니라 연민으로, 그저 불쌍하다고만 느끼는 것은 아닌지 반성해 봅니다.

공감하려면 필요한 것들

하이타니가 쓴 『로쿠베, 조금만 기다려』는 로쿠베란 강아지가 구덩이에 빠졌는데 1학년 아이들이 구하려고 애쓰는 마음이 잘 나타난 그림책입니다. 아이들이 엄마들을 데려왔지만 '남자가 있어야겠다.'면서 그대로 가 버렸습니다. 한 아저씨는 '사람이 아니라 개라서 다행이지.' 하면서 그냥 지나가 버렸습니다. 아이들은 '힘내'라고 격려해 주고 로쿠베가 좋아하는 비눗방울도 만들어 주고, 강아지 친구를 바구니로 내려보내서 로쿠베를 구합니다.

다소 시시한 듯한 이야기지만 작가는 책 뒤에 무거운 얘기를 합니다. 자신이 열다섯 살 때 일하던 집에서 쫓겨나 잘 곳도, 먹을 곳도 없을 때 거지 아저씨가 거적을 빌려 주고 설탕물을 타 주고 집에 돌아갈 찻삯도 주었다고 합니다. 그래서 로쿠베의 마음을 잘 느낄 수 있었다고 말이지요.

뒤집어 보면 '이와 비슷한 일을 겪지 않았다면 로쿠베의 기쁜 마음을 잘 느낄 수 없다.'는 말입니다. 하지만 아무도 동의하지 않을 것입니다. 그림책에서 그냥 가 버린 엄마들이나 아저씨조차도 구출된 '로쿠베의 기쁜 마음'을 느낄 수 있다고 주장할 것입니다.

하이타니는 여유 있는 사람이 아닌 거지 아저씨한테 도움을 받았습니다. 복잡한 감정이 들었겠지요. 그렇지만 적어도 거지 아저씨가 자신을 불쌍하게 여긴다는 느낌은 받지 않았을 것입니다. 그는 거지 아저씨가 갈 곳 없는 아이를 차별하지 않고 동등한 사람으로 여긴다는 느낌을 받았을 것입니다. 만약 엄마나 아저씨가 아이들 요구에 마지못해 도와주었다면 로쿠베는 별로 기쁘지 않을 것입니다. 아이들은 로쿠베의 고통에 공감해서 자신들과 차별하지 않았는데, 엄마나 아저씨는 아이들과 로쿠베의 존재를 구별했기에 아이들의 절실함에 찬동할 수 없었지요. 구해 줘서 고맙다고 말할 수는 있어도 비슷한 마음을 갖지 못했기에, 즉 공감하지 못했기에 아이들이나 로쿠베는 '기쁜 마음'을 갖지 못할 것입니다.

또 상대의 절실한 마음에 공감한다면 시간적, 물질적 피해를 감수해야 할지도 모릅니다. 아니, 피해라고 생각하지 않겠지요. 이미 공감하고 있으니까요. 하이타니 작가는 오키나와에서 방황할 때 한 마을에서 실성한 할머니를 찾고 있는 사람을 만납니다. 툭하면 뛰쳐나가는 할머니를 동네 사람 80명이 찾고 있다며 산호초 위에라도 떨어지면 큰일이지 않냐고 말합니다. 그들의 절실한 마음에 공감이 되나요?

하이타니는 자신의 소설에서 이와 비슷한 이야기를 자주 합니다. 『나는 선생님이 좋아요』에는 파리만 좋아하며 말을 어눌하게 하는 데쓰조를 친구들이 따돌리지 않고 같이 어울리고, 정신지체아 미나코를 반 아이들이 당번을 정해서 돌봐 주는 이야기가 나옵니다.

또 『악동들의 주머니』라는 동화에서는 현대인의 감각으로는 이해하기 힘든 이야기를 합니다. 초등 6학년 아이들이 백화점에서 문구용품을 훔치는데 어벙이(몸도 마음도 성장이 늦은 아이)를 데려갈 것인지 말 것인지 말다툼을 벌입니다. 한쪽은 경비원한테 붙잡혀 얻어터지는 게 너무 가엾다는 입장이고, 다른 쪽은 친구들에게 따돌림을 받는 게 더 싫을 테니 데려가자는 입장입니다. 결론을 못 내리지만 두고 가자는 이야기만 나오면 어벙이가 너무 슬픈 얼굴을 하기 때문에 결국 데려가고, 들켜서 같이 혼이 납니다.

『나는 선생님이 좋아요』, 하이타니 겐지로 글, 윤정주 그림, 양철북
『악동들의 주머니』, 하이타니 겐지로 글, 최정인 그림, 양철북

진정으로 공감하려면

그림책은 사진이나 텔레비전과 다른 매체입니다. 그림책은 사진과 달리 내용이 전개되는 구체적인 맥락을 제시합니다. 또 텔레비전과 달리 내용에 대해 생각할 여유를 줍니다. 그렇지만 그림책을 포함한 이들 매체는 모두 직접 경험보다 더 강렬하게, 낯선 삶을 그대로 보여 주고, 직접 겪어도 받아들이기 힘든 실상을 알려 준다고 주장하고 있습니다.

하지만 이런 매체를 통해 멀리 떨어진 사람들의 고통을 이해하고 공감할 수 있다고 주장하는 것에는 어떤 오만함, 우월감이 숨어 있지 않은가 생각합니다. 다른 시대와 문화, 사회 속에 살고 있는 사람들이나 낯선 가치를 기준으로 살아가는 사람들을 직접 접하지 않고서는 그들의 삶을 이해하고 고통에 공감한다고 말할 수 없기 때문입니다.

그러면 타인의 고통에 대한 공감이나 낯선 삶을 이해하려는 노력조차 포기해야 하나요? 아닙니다. 타인의 고통에 관심을 갖고 이것이 연민은 아닌지 끊임없이 숙고하는 것이 필요합니다. 수전 손택은 "연민은 쉽사리 우리의 무능력함뿐만 아니라 우리의 무고함('우리가 저지른 일이 아니다')까지 증명해 주는 알리바이가 되어 버리기 때문에 타인의 고통에 연민을 보내는 것만으로는 부족"하다고 했습니다.

그리고 더 중요한 것은 자기 주변에서 고통받는 사람에게 공감하려고 노력해야 합니다. 어쩌면 '멀리' 떨어진 곤경에 '연민'을 느끼느라 '가까이'에서 아파하는 이웃에 '공감'하지 못하는 것은 아닐까요?

공감과 배려가 지금 사회에 필요한 가치이고, 멀리 떨어진 사람들의 고통에 같이 아파하는 것이 모범이 될 수 있습니다. 하지만 그들의 삶 전체에 관심을 기울이지 않고, 특히 우리와 그들의 삶을 차별하면서 공감을 보여 주려고 하는 것은 착각일 수 있습니다.

내가 도움을 줄 수 없을 정도로 멀리 떨어진 곳의 아픔이나, 심지어 절실한 고통보다는 내 주변에서 슬퍼하는 사람의 삶에 공감해야 합니다. 능력이 떨어지는 사람과 함께 하느라 시간적으로, 물질적으로 손해를 입었다고 생각하기보다는 동등한 존재로서 공감하는 자세가 중요할 것입니다. 특히 추상적으로 느끼지도 못하고, 추상적으로 생각하는 것도 어려워하는 아이들에게 직접 체험하기 힘든 이야기를 통해 타인의 고통에 공감하라고 얘기하기보다는 우리 주변에서 고통받고 있는, 낯선 삶 전체를 이해하도록 가르치는 것이 더 중요하지 않을까요?

아이들은
미숙하지 않다

『어른들은 왜 그래?』
윌리엄 스타이그 지음, 비룡소

『뒤죽박죽 달구지 여행』
윌리엄 스타이그 지음, 열린어린이

『노랑이와 분홍이』
윌리엄 스타이그 지음, 비룡소

그림책은 재미있습니다. 그리고 참 쉽습니다. 그래서인지 여러 번 음미하면서 읽기보다는 그냥 후딱 읽고 맙니다. 그러다가 다소 당혹스러운 그림책을 만나기도 합니다. 야노쉬의 그림책처럼요. 반면에 스타이그의 그림책은 재미있고 쉬운 것 같지만 뭔가 이해되지 않는, 다른 이야기를 하는 것 같은 느낌입니다. 아이들이 그림책을 읽고 무엇을 느끼고 생각하기를 바랄까 매우 궁금합니다. 『멋진 뼈다귀』나 『당나귀 실베스터와 요술 조약돌』 같이 우연히 얻은 '뼈다귀'나 '조약돌'로 인해 어려움을 이겨내는 그림책을 읽고 좀 난감했거든요.

우연으로 문제가 해결되는 그림책

『치과의사 드소토 선생님』은 널리 알려진 그림책입니다. 치과의사인 생쥐는 고양이 같은 사나운 동물은 치료하지 않습니다. 어느 날 여우가 사정을 해서 어쩔 수 없이 치료하지만 마취 중에 중얼거리는 소리를 듣습니다. 생쥐를 날로 먹으면 맛있겠다고 말이죠. 그래서 드소토 선생님은 꾀를 내 여우를 혼내 줍니다. 이런 이야기는 '토끼와 호랑이' 같은 옛이야기에 많이 나오는 유형으로, 약자가 꾀를 써서 강자를 물리치는 이야기입니다.

『멋진 뼈다귀』, 윌리엄 스타이그 지음, 비룡소
『당나귀 실베스터와 요술 조약돌』, 윌리엄 스타이그 지음, 비룡소
『치과의사 드소토 선생님』, 윌리엄 스타이그 지음, 비룡소

『용감한 아이린』이나 『뒤죽박죽 달구지 여행』에서 주인공은 험난한 환경을 꿋꿋하게 이겨냅니다. 아이린은 엄마가 심한 감기에 걸려 누워 있자 옷을 갖다주겠다고 합니다. 눈보라가 몰아치는데 언덕을 넘다가 바람에 옷이 날아가고 발목을 삐고, 또 눈 속에 파묻힙니다. 그래도 상자를 썰매 삼아 타고 내려왔는데 옷이 집 앞 나무에 걸려 있습니다.

> **『용감한 아이린』**, 윌리엄 스타이그 지음, 비룡소
> **『티프키 두프키의 아주 멋진 날』**, 윌리엄 스타이그 지음, 마루벌
> **『녹슨 못이 된 솔로몬』**, 윌리엄 스타이그 지음, 비룡소

여기에도 '우연'이 개입되지만 여자아이가 힘들게 노력한 모습에 '우연'은 다소 보상 같은 느낌이 듭니다. 엄마를 대신하겠다는 용기나 책임, 상자를 타고 내려오는 재치 등이 더 강한 인상을 주지요.

스타이그의 그림책에는 익숙한 내용보다는 그렇지 않은 이야기가 더 많습니다. 『티프키 두프키의 아주 멋진 날』, 『녹슨 못이 된 솔로몬』, 『당나귀 실베스터와 요술 조약돌』, 『멋진 뼈다귀』는 주인공이 어떤 노력이나 인과관계 없이 문제가 해결되는 경우가 많습니다.

『녹슨 못이 된 솔로몬』, 『당나귀 실베스터와 요술 조약돌』, 『멋진 뼈다귀』는 마법으로 위험에서 벗어납니다. 당나귀 실베스터는 돌을 쥐고 소원을 말하면 그대로 이루어지는 요술

조약돌을 줍습니다. 그런데 사자를 만나자 너무 놀란 나머지 바위로 변하라고 말합니다. 하지만 바위는 다시 돌을 쥘 수 없어 당나귀로 돌아갈 수 없습니다. 부모는 시름에 젖어 세월을 보내다가 소풍을 나와서 조약돌을 발견하고 바위 위에 올려놓고 실베스터는 다시 당나귀로 돌아옵니다.『녹슨 못이 된 솔로몬』에서는 토끼 솔로몬이 고양이한테서,『멋진 뼈다귀』에서는 돼지 펄이 여우에게 잡히지만 우연히 얻은 재주나 마법 뼈다귀를 통해 벗어납니다.『티프키 두프키의 아주 멋진 날』은 티프키가 점쟁이의 예언을 믿고 환상을 좇다가 우연히 한눈에 반할 만한 '여인'을 만나는 내용입니다.

　많은 그림책들이 옛이야기의 구조를 활용하여 이야기를 전개합니다. 옛이야기 '여우 누이'에서 막내가 아이들이 괴롭히는 자라를 풀어주자 자라는 막내에게 위험에 처할 때 사용하라고 요술병을 줍니다. 꾀나 노력, 정성을 통해서, 또는 고난을 이겨내서 보상을 받기도 합니다.『떼굴떼굴 떡 먹기』에서는 두꺼비 같이 제일 약한 동물이 꾀를 내서 호랑이를 이깁니다.

　그런데 스타이그의 그림책에는 그런 선행이나 꾀, 정성이 나오지 않습니다. 그저 못으로 변하는 재주를 갑자기 얻었고, 요술 조약돌과 뼈다귀를 우연히 얻었을 뿐입니다.

『떼굴떼굴 떡 먹기』, 서정오 글, 이억배 그림, 보리

진화와 창조로 해석하는 그림책

다른 그림책 『노랑이와 분홍이』를 보면서 해결의 실마리를 찾았습니다. 노랑이와 분홍이는 나무 인형입니다. 둘은 '우리가 왜 여기에 이런 모습으로 있는지' 논쟁을 벌입니다. 그러다가 남자가 나와서 잘 말랐다고 하면서 데려갑니다. 단순한 줄거리인데 둘의 대화가 재미있습니다. 노랑이의 잘 다듬어진 머리, 전체적인 모습이 훌륭하다고 생각한 분홍이는 누군가 우리를 만들었다고 합니다. 하지만 노랑이는 우리처럼 완벽한 걸 누가 만들 수 있겠냐고, 우리는 우연히 생겨난 거라고 합니다. 그러자 분홍이는 움직이는 팔다리, 코, 눈이 그냥 생겨나는 건 말도 안 된다고 합니다. 노랑이는 백만 년, 아니 이백오십만 년 정도면 충분히 이상한 일이 일어날 수 있다고 말합니다.

이야기의 진행에서 우연히 생겼다고 주장하는 노랑이와 누군가가 만든 것이라는 분홍이의 대립구도를 보면 진화론과 창조론의 논쟁이 연상됩니다. 그런데 여기서 '우연'은 진화론의 입장에서 이야기되고 있습니다. 다윈의 진화론은 사회가 진보, 발전한다는 다수의 '사회진화론'과 진화는 진보가 아니라는 소수의 입장으로 해석이 나뉘어 있습니다.

스타이그는 '사회진화론'이 갖고 있는 오류, 문제점 등을 염려해서 '우연'이 많이 개입되는 그림책을 그렸다고 추론해 볼 수 있습니다. 왜냐하면 사회진화론은 생명체 중에서 인간이, 인간 중에서 서구 백인이 적자생존으로 지배할 수밖에 없다고 하면서 제국주의나 식민주의 심지어 인종주의까지 합리화시키는 데 이용되었기 때문입니다. 그림책에서 '우연'을 마치 삶의 추동력으로 삼는 듯한 이야기 전개는 다윈의 진화에서 우연으로 인한 변이로 인해 자연선택이 진행되었다는 논리와 거의 같습니다. 이런 사고방식으로 세상을 바라보면, 강자와 약자, 어른과 아이, 생물과 무생물, 주인과 일꾼, 성충과 애벌레 등 많은 상하·우열 관계가 다르게 보일 것입니다.

흔히 애벌레를 어떻게 생각하는지 살펴봅시다. 『꽃들에게 희망을』이라는 그림책은 예전엔 저도 감동을 받은 책입니다. 삶의 의미를 고민하는 애벌레는 남들을 따라 밟고 밟히는 과정을 거쳐서 꼭대기를 올라가지만 꼭대기에는 아무것도 없습니다. 그리고 나비가 되면서 삶의 의미를 찾게 되지요.

고생물학자 스티븐 제이 굴드는 호주의 땅반딧불이라는 곤충을 설명하면서 애벌레가 성충의 전단계라는 편견을 강하게 반박합니다. 이 곤충의 삶은 애벌레일 때 더 다양하고, 성충일 때 오히려 단순하다고 말합니다. 성충은 번식하기 위한 존재일 뿐이고 먹이를 먹는 입도 퇴화되었습니다. 그와 달리 애벌레

『꽃들에게 희망을』, 트리나 폴러스 지음, 시공주니어

는 세 가지 복잡하고 잘 조정된 적응을 발달시켰습니다. 즉, 빛을 내는 기관이 있고, 입에서 명주실과 점액을 내서 둥지와 먹이낚싯줄을 만듭니다. 또 육식성입니다.

이렇게 애벌레를 성충을 위한 전단계로 보지 않고 주변 환경에 적응 또는 극복하기 위해 그리고 다른 생명체와 경쟁 또는 협력하면서 살아가는 것으로 이해한다면 아이와 어른의 관계도 달리 바라봐야 할 것입니다.

아동심리학자 데이비드 비요크런드는 『아이들은 왜 느리게 자랄까?』에서 아이들의 미성숙함은 당장 아이로서 살아가기 위해 적합하도록 발달된 특징이라고 말합니다. 먼 미래를 위한 준비가 아니라는 것이지요. 그도 '진화'를 굴드와 비슷하게 해석합니다. 자연선택과 진화 과정은 미리 내다볼 수 없으며 생명체는 환경에 적응하는 것이지 앞으로 살아갈 환경에서 살아나기 위해 적응한 것이 아니라고 말합니다.

아이들 입장에서 어른을 바라보면

『뒤죽박죽 달구지 여행』에서는 돼지 농부가 시장에 가서 식구들에게 줄 선물을 사서 집으로 돌아옵니다. 돼지의 달구지는 당나귀가 끌었는데 내리막길에서 바퀴가 빠져 달아나기도 하고, 당나귀가 다쳐 돼지가 달구지를 끌기도 하지요.

"승객이 된 것이 흡족했고, 앞으로는 번갈아 가며 이래야겠다는 생각을 했어요."라는 당나귀의 말을 단순히 풍자나 반전으로 해석할 것이 아니라, 경쟁과 위계질서의 체계가 환경에 따라 협력이나 다른 형태로 달라질 수도 있다는 사고방식에서 나온 것은 아닌가 생각됩니다. 또 달구지에서 바퀴가 빠져서 달아나는 것을 돼지가 붙잡아 한참 혼을 내는 장면에서는 무생물도 생명체와 같은 위치에 올려놓습니다. 생명과 사물의 경계가 희미해집니다.

'우연'을 강조하면 아이들이 노력을 하지 않고 선행을 베풀지 않는다는 우려도 있습니다. 그렇지만 '우연'을 부정하고 진보의 방향성, 불가피성을 강조하면 차별을 정당화할 가능성이 높습니다. 최근 '능력사회'를 비판할 때처럼 사회의 하층이나 부적응자들의 고통을 개인의 책임으로 돌리는 경향은 예전의 '사회진화론' 논리와 매우 유사합니다.

물론 스타이그가 이런 것들을 의식해서 '우연'을 강조하고 주인과 일꾼, 생명과 사물의 구분을 헷갈리게 했다고 말하긴 어려울 것입니다. 그렇지만 아이란 어른이 되기 위한 과정이라기보다는 지금 환경에서 적응하기 위해 생각하고 행동하는 존재라고 인정했을 것으로 짐작하고 있습니다. 그래서 그런 그림책을 그릴 수 있었을 것입니다.

이런 입장에서는 아이들의 생각을 틀리거나 미숙하다고 보지 않고 어른들과 다르게 인식하는 것이라고 그대로 인정합니다. 즉, 아이들이 볼 때 주변 세상은 대부분 원인을 알기 어려울 정도로 복잡한 '우연'으로 이루어져 있고, 심지어 생명과 사물의 경계도 애매할 때가 많습니다. 형제자매 관계처럼, 강자와 약자의 관계가 바뀌기도 하고 주변 상황이 험악할 때는 둘이 협력할 수도 있습니다. 늘 싸우던 형제들이 필요에 따라 부모에 맞서 담합하는 것처럼요.

이렇게 해석할 때 『어른들은 왜 그래?』에는 어른들이 깨끗한 것을 좋아하면서 아무 때나 뽀뽀하라고 하고, 운동을 많이 하지만 달리기는 못하고, 혼자만 운전을 다 하려고 한다는 내용이 나오는데, 과연 '스타이그답다'는 생각이 듭니다.

단순히 재미있는 그림책이 아니라 아동관이 다르기 때문에 이렇게 그릴 수 있는 것입니다. 특히 '우연'을 강조하고, '어른이 되는 것이 성숙'이라거나 성장의 방향이나 목적이 있다고 전제하는 사람은 여기에 나오는 아이들의 말과 생각을 틀렸다고 간주할 것입니다. 스타이그의 그림책을 초등학생들에게 읽어 주고 비슷한 경험을 적어 보라고 했습니다.

"어른들은 우리 보고 살찐다고 밤에 못 먹게 해. 그러면서 어른들은 맨날 밤에 먹어."

"어른들은 컴퓨터를 자유롭게 하면서 우리는 숙제라고 해도 왜 못하게 해?"

"선생님은 자기가 더 시끄러우면서 왜 우리한테 조용히 하라고 해?"

"어른들은 왜 자신의 의견이 틀릴 수도 있는데 무조건 자신의 의견으로 바꾸라고 해?"

"어른들은 내가 자기 말을 끊으면 화내면서 자기는 왜 내 말을 끊어?"

"우리가 어른들의 안 좋은 점을 지적하면 왜 고마워하지 않고 화를 내?"

"엄마는 다른 사람 앞에선 착하면서 왜 나한테는 짜증내고 화를 막 내?"

"어른들은 왜 시험이 끝이 아니라고 말하면서 이 시험만 끝나면 뭐해 주고 뭐해 준다고 해?"

"우리한테 이제 신경 안 쓰겠다고 하면서 왜 계속 신경 써?"

"어른들은 우리 때문에 못 살겠다고 그래. 그러면서 우리 때문에 산다고 해."

아이들 글을 읽고 아이들이 나름대로 다 생각하고 있지만 단지 어른을 생각해서, 또는 어른이 인정하지 않아서 말을 하지 않을 뿐이라는 생각이 듭니다.

3장

그림책 깊이 읽기

세계 유명 그림책 상을 수상한 그림책

칼데콧 상

케이트 그린어웨이 상

볼로냐 라가치 상

김태희
스키마언어교육연구소 연구원 제주지부장이자 비영리민간단체 노리곳간 대표. 삶담협동조합에서 그림책 철학학교를 운영하며 아이들과 학부모를 만나고 있다.

책장 가득 꽂혀 있는 그림책 가운데 100권이 넘는 수상작이 있습니다. 그 가운데 칼데콧 상이 60여 권이 포함된 걸 보면 칼데콧 수상작을 읽으면서 그림책 공부를 했다고 해도 과언이 아닐 듯 싶습니다.

여러 수상작들 중 2016년부터 2020년 사이에 한국어로 출판된 수상작 위주로 아이들과 함께 보았습니다. 아이들과 함께 읽다 보니 다시 보고 싶어 하는 책과 아는 이야기라며 보지 않는 책이 있습니다. 이러한 차이는 왜 나는지 아이들의 이야기를 통해 같이 나누고자 합니다. 아이들의 호불호가 좋은 책인지 나쁜 책인지를 가르는 척도는 아닙니다. 단지 아이들의 다양한 해석을, 그것이 오독이라고 해도 책을 읽는다는 것은 지식을 구축하거나 단순히 저장하는 행위가 아니라 현실의 경험을 바탕으로 자신만의 틀을 재구축하는 것이라고 본다면 어떨까요? 그렇다고 하면 아이들의 다양한 해석이 추천사의 말들이나 작가의 말처럼 주제에 다소 접근하지 못하더라도 괜찮지 않을까 생각합니다.

칼데콧 상

칼데콧 상은 1938년에 미국도서관협회에서 제정한 그림책 상입니다. 수상대상은 미국 작가만을 대상으로 하고 있습니다. 수상작은 칼데콧 대상과 최종 심사 후보에 올라온 1~5권의 책에 영예상(아너상)을 수여하고 있습니다.

인종 차별을 다룬 그림책

칼데콧 상에서 매년 등장하는 주제는 인종 차별이나 역경을 딛고 일어선 이민자들의 성공담입니다. 그들의 이야기는 감동과 희망을 줍니다. 아이들의 말처럼 인종 차별을 받는 사람에게 희망을 주는 책이기도 합니다. 그러나 달리 생각해 보면 흑인이나 이민자는 강하다거나 약하면 안 된다는 생각이 있는 건 아닌가 생각됩니다. 비슷한 주제로 상을 받은 3권의 그림책을 살펴보겠습니다.

2020년 칼데콧 대상 수상작은 『우리는 패배하지 않아』(원제 The Undefeated)입니다. 이 책은 같은 해 뉴베리 아너상을 수상하기도 했습니다. 글은 콰미 알렉산더의 시인데, 2011년 버락 오바마가 미국 역사상 최초로 아프리카계 미국인 대통령이 된 것을 기리기 위해 쓴 시입니다. 여기에 카디르 넬슨이 그림을 그렸습니다.

『우리는 패배하지 않아』에는 흑인 운

『우리는 패배하지 않아』, 콰미 알렉산더 글, 카디르 넬슨 그림, 보물창고

동선수들부터 흑인들의 자유와 평등을 위해 싸운 사회운동가들 그리고 흑인 예술가들이 등장합니다. 또한 아프리카에서 끌려와 살아남은 수많은 사람들, 남북 전쟁 당시 흑인 병사들과 테러와 폭력에 희생당한 이들이 글과 그림에 담겨 있습니다. 작가는 "우리가 지금 어떻게 이 역사적 순간에 이르게 되었는지 딸에게 알려 주고 싶었기에, 나는 이 시를 썼다."고 말합니다.

『콩고 광장의 자유』, 캐럴 보스턴 위더포드 글, R. 그레고리 크리스티 그림, 밝은미래
『위대한 가족의 고향』, 켈리 스탈링 라이언스 글, 다니엘 민터 그림, 꿈터

2017년 칼데콧 아너상을 수상한 『콩고 광장의 자유』는 지금도 실제로 존재하고 있는 뉴올리언스 콩고 광장의 이야기를 담고 있습니다. 뉴올리언스의 노예들은 일요일이 되면 콩고 광장에 모여 노래하고 춤추고 음악을 연주했습니다. 모진 시달림을 이겨내고 자유를 누릴 수 있던 오직 한때입니다. 콩고 광장은 노예들의 놀이터 이상의 의미를 담고 있다는 작가의 말처럼 콩고 광장은 이제 재즈의 고향인 뉴올리언스의 국가 사적지가 되었다고 합니다.

2020년 칼데콧 아너상을 수상한 『위대한 가족의 고향』도 가족의 역사를 통해 흑인의 역사를 이야기해 주고 있습니다. 릴 알란은 가족 행사를 위해 아빠의 고향인 할머니 집으로 갑니다. 75년 동안 고향땅을 지킨 것을 기념하는 날이라 모

두 특별한 선물을 한 가지씩 준비하기로 했는데 릴 알란은 아무것도 준비하지 못했습니다. 그래서 아빠한테 들은 이야기를 바탕으로 가족의 역사를 핵심을 짚어 이야기합니다. 옮긴이의 말에 의하면 이 작품은 아프리카계 미국인의 기쁨과 슬픔을 기억해 주길 바라는 마음을 담고 있다고 합니다.

　　아이들과 이 책들을 함께 읽었는데, 4학년 아이들은 『우리는 패배하지 않아』의 그림을 보고 무섭다고 합니다. 사진처럼 나와 있어서 그렇다고요. 청소년들은 세 권의 책은 인종 차별을 이야기하지만 별다른 차이점을 느끼지 못하겠다고 합니다. 특히 『위대한 가족의 고향』은 "흑인이 차별받은 내용도 나오지 않았고, 인종 차별을 당하는 게 나오지도 않는다. 작가의 말처럼 흑인을 이상하게 표현하거나 그런 것도 아닌데 민족이 걸었던 발자취와 무슨 관련이 있는지 모르겠다."고 합니다. 너무 뜬금없는 생각이라고 비판합니다. 『콩고 광장의 자유』를 읽고 4학년 아이는 "백인 노예는 왜 없을까?" 하고 묻습니다. 청소년은 "요즘에도 인종 차별이 심하다. 특히 폭행이 심한 것 같다. 미국인들의 생각이 뭔지 모르겠지만 하여튼 인종 차별을 멈추고 생각도 바꾸면 좋겠다."고 쓰고 있습니다. 이 친구는 『우리는 패배하지 않아』를 읽고는 "사람들은 왜 유명한 흑인은 좋아하면서 왜 그냥 일반 흑인은 차별하냐?"고 질문합니다.

사회 구조의 불완전함보다 그 안에서 살아남을 수밖에 없는 삶을 부각시키다 보면 오히려 사회를 바꾸고자 하는 힘을 약하게 하는 건 아닐까요? 그래서 서민 흑인만 더 차별을 받게 되는 아이러니를 경험하게 되는 건 아닌가 싶습니다.

사라져 가는 것을 바라보는 어른의 시선

사라져 가는 등대지기에 대한 아름다운 헌사라는 찬사가 이어지는 이야기 『안녕, 나의 등대』는 새로운 등대지기가 등대에 도착하며 이야기가 시작됩니다. 등대지기는 등대가 바다 멀리 불을 비춰 배들이 안전하게 다닐 수 있도록 부지런히 등대를 관리합니다. 사랑하는 아내도 등대에 도착하고 아이도 태어납니다. 등대지기는 업무 일지에 모든 일들을 기록합니다. 그러나 등대에 자동 램프가 설치되면서 등대지기의 가족은 등대를 떠나게 됩니다.

중학교 1학년 아이는 그림책을 집어 들면서 이 책은 다른 책과 달리 판형이 길다고 하면서 책을 읽기 시작합니다. 그러면서 '한마디로 말하자면 세상이 편해질수록 노동자들은 사라진다는 뜻이 담겨 있다.'고 합니다. 그러고는 '등대지기가 등대를 살피는 것도 어려울 텐데 사람들까지 구해 주는 것으로 보아 이

『안녕, 나의 등대』,
소피 블래콜 지음,
비룡소

등대지기는 성격이나 인성이 좋은 사람'이라고 합니다.

초등 중학년 아이는 이 책이 말하고자 하는 것이 무엇인지 모르겠다고 합니다. 책에는 아내랑 사람 구하는 것과 아기 낳는 이야기밖에 없다고요. 그러면서 "해안경비대원들은 등대지기가 있는데 왜 전구로 빛을 내는 기계를 만들었을까?"라고 의문을 갖습니다. 등대지기의 삶은 힘들어 보이지만 자동화는 반대하는 걸까요? 중학교 1학년 아이는 "전구로 빛을 내면 우리한테는 더 편할지 모르지만 그 일을 하는 등대지기는 일자리를 잃어버리기 때문에 작가는 일자리에 대한 이야기를 하고 있다."고 합니다.

추천사나 작가의 말을 들여다보면 "등대지기의 삶을 등대와 같이 잔잔히 보여 주고 있다.", "등대마다 평범하고 단조로운 일상과 함께 용기와 모험이 담긴 이야기를 지니고 있다."고 말합니다.

『행복을 나르는 버스』는 2016년 칼데콧 아너상과 2016년 뉴베리상을 받은 작품입니다. 시제이는 매주 할머니와 교회 예배를 마치면 무료급식소로 봉사를 갑니다. 마지막 정류장으로 가는 버스를 타고 가면서 앞이 안 보이는 아저씨도 만나고, 노래를 불러 주는 아저씨도 만납니다. 시제이의 질문마다 할머니는

『행복을 나르는 버스』, 맷 데 라 페냐 글, 크리스티안 로빈슨 그림, 비룡소

대답해 줍니다.

"뭐하러 자동차가 필요하니? 네가 좋아하는 불 뿜는 버스가 있는데! 그리고 데니스 기사 아저씨가 시제이 너를 위해 늘 마술을 보여 주시잖아."

"시제이, 꼭 눈으로만 세상을 볼 수 있는 건 아니야. 어떤 사람들은 귀로 세상을 본단다."

"시제이, 아름다운 것은 어디에나 있단다. 늘 무심코 지나치다 보니 알아보지 못할 뿐이야."

초등학교 4학년이 이 책을 읽고는 자기도 버스 타는 걸 너무 좋아하는데 지금은 학교 앞으로 이사를 와서 버스를 타지 못한다고 합니다. 버스에 타면 시제이처럼 많은 사람과 함께 있어서 좋았다고 합니다.

아이는 시제이가 "할머니 말을 듣고 버스가 좋고, 재미있다고 생각한다." 그리고 "어린데도 질투하지 않는 마음을 갖는 게 중요하다."고 합니다. 다른 아이는 "매일 매일 똑같은 버스를 타는 것도 아닌데 왜 이 버스가 행복한 버스인지 궁금하다."고 되묻습니다. 만약 이 버스가 행복한 버스라면 '기사 아저씨가 친절하고 마술도 보여 줘서 행복을 나르는 버스'라고 결론짓습니다. 그리고 초등학교 3학년 아이와 중학교 1학년 아이는 "시제이의 행복은 없고 할머니 행복만 있다."고 합니다.

아이들은 시제이의 행복관은 할머니가 말해 줘서 깨닫게 된다는 데 초점을 맞춥니다. 물질적 행복만이 행복이 아니라고 머리로는 이해하지만 아직 가슴으로 이해하기는 어렵습니다.

두 권의 그림책은 성급하게 성장을 재촉받는 아이들에게 행복이 무엇인지, 사라져 가는 것들을 어떻게 받아들여야 하는지 어른의 시선을 그대로 보여 주고 있습니다. 그래서 아이들은 『안녕, 나의 등대』에서는 일자리를 걱정하고, 『행복을 나르는 버스』에서는 어린데도 질투하지 않는 마음가짐이 중요하다고 말하지 않나 싶습니다.

소녀의 행동은 용감하지만 저는 못해요

『곰이 강을 따라갔을 때』는 2020년 칼데콧 아너상을 수상했습니다. 어느 날, 곰 한 마리가 궁금해서 강에 갔다가 그만 강에 빠지고 말았습니다. 통나무배를 타고 강을 둥둥 떠다니던 곰 앞에 개구리, 거북이, 비버, 너구리, 오리가 나타나 배에 탑니다. 그렇게 통나무배는 강의 하류로 계속 흘러가고, 마침내 거센 폭포가 나타납니다. 숲속 동물들은 폭포로 떨어지면서 활짝 웃습니다. 신나게 모험을 즐기고 나서 서로의 존재에 대해 알게 되지요.

글자가 거의 없는 그림책 『세상에서 가

『곰이 강을 따라갔을 때』, 리처드 T. 모리스 글, 르웬 팜 그림, 소원나무장 용감한 소녀』는 2018년 칼데콧 대상을 받았습니다. 이 책에는 한 소녀가 무리에서 뒤처진 새끼 늑대를 만나지요. 한 치 앞이 보이지 않는 거센 눈보라를 뚫고, 하이에나와 올빼미를 만나면서도 소녀는 새끼 늑대를 지켜 냅니다. 그렇게 어미 늑대에게 무사히 새끼를 돌려준 후 소녀는 쓰러지고, 이번에는 늑대 무리가 소녀를 지켜줍니다. 늑대는 하울링으로 소녀를 찾으러 나온 아빠, 엄마와 강아지에게 소녀의 위치를 알려 주고 떠납니다.

『세상에서 가장 용감한 소녀』, 매튜 코델 지음, 비룡소

아이들은 두 그림책을 읽으면서 꽤 오랜 시간 글과 그림을 반복해서 봅니다. 글이 적고 그림으로 이야기하는 그림책을 읽을 때의 특징이기도 합니다. 특히, 『세상에서 가장 용감한 소녀』는 이야기가 끝나고 겉 커버를 벗기면 이야기 이후 소녀와 어린 늑대의 이야기가 영화처럼 다시 시작됩니다.

글자 없는 그림책을 그림으로 읽으면서 초등 중학년 아이들은 소녀와 늑대가 만날 거라고 예상도 하고, 소녀가 늑대를 구해준 행동이 용감하다고도 합니다. 그러면 "네가 이런 상황에 있다고 하면 어떻게 할까?" 하고 질문을 던지니 "저는 무시하고 그냥 갈 것 같다.", "휴대전화로 찍어서 올리겠다.", "집으로 데리고 와서 키우겠다.", "도망갈 것 같다.", "늑대를 눈에서

만 빼주고 자기 갈 길을 갈 것 같다."고 합니다. 소녀의 행동은 어떤 일을 끝까지 해내는 용기가 대단하고 칭찬하지만 자신들이 그런 상황이라면 조금은 망설여집니다.

　유치부 아이들은 『곰이 강을 따라갔을 때』를 읽을 때 그림에 관심이 많습니다. "저기 거북이 있어요.", "저기 곰이 커다래요.", "여기도 있어요." 하면서 앞면지와 뒷면지의 그림의 차이를 금세 알아냅니다.

　초등 저학년은 곰이 물에 빠졌을 때가 재미있다면서 이야기가 어떻게 펼쳐질지 궁금하다고 합니다. 초등 중학년은 동물들이 폭포에서 떨어지는 장면이 재미있다면서 동물들 떨어지는 순서가 다르다고 합니다. 무거운 동물이 먼저 떨어져야 하는데 가장 가벼운 거위가 먼저 떨어졌다고 합니다.

　그림 작가의 이야기나 추천사에는 이 책이 '인생에 대한 완벽한 은유'라고 말하고 있습니다. 인생의 강을 따라가며 개성이 다른 사람들과 만나게 되는 모험을 떠나라는 것이지요. 하지만 아이들은 현실을 생각하면 늑대를 구해 준 소녀처럼 행동하지 못한다고 합니다. 정해진 역할이 고정된 현실에서 모험은 아이를 자유롭게 해 주지는 못하지만 그림책은 다른 가능성을 열어 보이게 하는 상상을 하게 합니다.

케이트 그린어웨이 상

케이트 그린어웨이 상은 영국에서 가장 오래된 그림책 상입니다. 1877년에 설립된 영국도서관협회에서 1955년부터 제정하여 19세기 영국 일러스트레이터인 케이트 그린어웨이를 기리며 우수한 그림책의 일러스트레이터에게 수여하는 상입니다. 아동과 청소년을 대상으로 하고 영어로 출간된 작품이어야 하지요. 여기서는 케이트 그린어웨이 대상작 위주로 아이들과 이야기를 나누어 보았습니다.

광부의 아들이 광부가 되는 것은 잘못이다

『바닷가 탄광 마을』은 2018년 케이트 그린어웨이 상을 받았습니다. 어린 소년의 집은 바닷가 탄광 마을입니다. 소년이 일어났을 때 아버지는 석탄을 캐고 있습니다. 소년은 친구와 놀고, 가게에 엄마 심부름을 가고, 할아버지의 묘지를 방문하며 하루를 보냅니다. 그리고 잠이 들면서 광부의 아들로 태어나 다들 똑같이 광부가 되는 일에 대해 생각합니다.

초등 고학년 아이들은 탄광 마을 아이

『바닷가 탄광 마을』, 조앤 슈워츠 글, 시드니 스미스 그림, 국민서관들이 불쌍하다고 합니다. 그리고 광부들이 힘들게 일한 걸 우리가 너무 쉽게 소비한다고 하지요. 그렇지만 광부의 생활은 억지로 하는 것 같다고 합니다. 자식에게 광부가 되라고 하는 것은 너무한 것 같고 잘못된 생각이라고 성토합니다.

중학생은 이 책을 같은 노동자들을 읽으면 동질감을 갖고 위로를 받을 수 있을지 모르겠지만 일반 사람들은 무슨 이야기인지 모르겠다고 합니다.

추천사를 보면 "조앤 슈워츠는 탄광 마을의 어둡고 고단한 일상을 자세하게 설명하지 않는다. 어린이 노동 착취라는 무거운 주제를 전면에 드러내지 않고, 광부가 되는 것을 자연스럽게 받아들이는 탄광 마을 소년을 화자로 하여 담담하고 잔잔하게 풀어냈다."고 합니다.

아이들은 조금 다른 이야기로 해석합니다. 『바닷가 탄광 마을』은 '광부의 아들이 자신은 광부의 아들이니까 언젠가는 자신도 광부가 되어야 한다는 것을 알려 주기 위해' 그 점을 작가가 중요하게 썼다고 말입니다.

힘과 용기를 주는 말

2021년 케이트 그린어웨이 대상작은 『괜찮을 거야』입니다. 시드니 스미스는 『바닷가 탄광 마을』에 이어 두 번째 수상을 했습니다.『괜찮을 거야』는 시드니 스미스가 쓰고 그린 첫 그림책입니다.

『괜찮을 거야』, 시드니 스미스 지음, 책읽는곰

    한 아이가 버스에서 내립니다. 도시에서 작은 몸으로 산다는 게 얼마나 힘든지 골목길과 공원을 걸으면서 독백처럼 이야기하고 있습니다. 그러고는 골목길 사이에는 숨기 좋은 나무 덤불이나 따뜻한 바람이 나오는 통풍구, 음악이 흘러나오는 교회와 사람 좋은 생선 가게 주인도 있다고 말합니다. 아이는 "나는 너를 알아. 너는 괜찮을 거야."라고 말하면서 잃어버린 고양이의 전단지를 가로등에 붙여 놓고 집으로 돌아옵니다.

    출판사의 책 소개를 보면 "잃어버린 고양이를 찾아 낯선 도시를 헤매는 아이의 목소리를 통해 거대한 세상 속에서 스스로를 격려하며 한 발 한 발 나아가는 작은 존재들의 이야기를 담담하게 그려 낸다. 소중한 존재가 안녕하기를 바라는 아이의 마음을 담은 섬세한 글과 한 편의 영화를 보는 듯한 연출이 돋보이는 아름다운 그림책이다."라고 합니다.

    사랑하는 존재가 안전하기를 혹은 안녕하기를 바라는 마음이 그대로 전해졌습니다. 애완동물도 쉽게 거래가 되는 요즘에 아이들과 너무나 나누고 싶은 이야기였습니다.

    초등 중학년 아이들과 그림책 읽기를 해 보았습니다. "자기 가족 중 한 명을 잃어버리면 마음이 아플 거예요.", "고양이 입장을 생각을 해서 '괜찮을 거야.'라고 말하는 거예요.", "'괜찮을 거야.'에 대해 여러 가지로 생각해 볼 수 있어요.", "아이가 고양이를 격려해 주는 것 같기도 해요."라며 아이들은 강하게 감정 이입을 합니다.

아이가 잃어버린 고양이를 찾으러 다니는 길들에서 반복적으로 나오는 '괜찮을 거야.'는 자신들의 다양한 경험과도 맞닿아 있나 봅니다. 책을 읽기 전 책 표지만 보고 언제 '괜찮을 거야.'라고 말할지 물으면 미래에 무슨 일이 났을 때(사고), 혼자 있을 때, 버스나 기차에서 내릴 곳을 놓칠까 봐 걱정할 때, 실수를 할 때 아이들은 괜찮을 거야라고 할 거라고 합니다. 고양이를 찾는 이야기였지만 괜찮을 거라는 말은 용기를 줍니다. 작은 존재들이 큰 도시에서 살아갈 때 서로에게 큰 힘이 되고 용기를 줄 수 있다는 생각을 아이들과 함께 크게 공감할 수 있었습니다.

자선을 베푸는 이야기

『세상의 모든 돈이 사라진 날』은 2021년 케이트 그린어웨이 상 최종 후보작입니다. 이 이야기는 난민의 이야기입니다. 아이

『세상의 모든 돈이 사라진 날』, 케이트 밀너 지음, 꿈꾸는섬

가 배고파서 엄마를 깨웁니다. 그러나 집 안에는 먹을 게 없습니다. 동전을 모아 놓는 통도 텅 비어 있습니다. 엄마와 푸드뱅크에 가서 먹을 것을 받습니다. 돌아오는 길에 '언젠가는'이라는 놀이를 하면서 언젠가는 엄마와 나도 빈 저금통을 걱정하지 않아도 되는 날을 기대합니다. 그리고 음식을 나누어 주는 마음 좋은 사람들에게 고마워합니다.

중학생 아이는 '이 세상의 돈이 사라지는 상상을 하는 책'이라고 합니다. 초등 고학년은 "자신의 집에 돈이 없다는 걸 극대화시켰다."고 합니다. 다른 친구는 "돈이 모든 행복을 가져다주는 것은 아니다. 돈이 없어도 즐거울 수 있다."라고 합니다.

너무 비약이 심한 것 같아 그림책 중간에 푸드뱅크에서 줄을 서 있는 사람들이 있는 장면을 보면서 "푸드뱅크는 어떤 곳일까?" 하고 물었습니다. "사람들 표정이 다 어둡고 힘들어 보인다.", "푸드뱅크는 음식을 공짜로 받는 게 아니라 빌리고 갚아야 하는 곳인 것 같다." 그리고 "푸드뱅크의 음식들은 양배추, 토마토, 채소, 국거리 이런 것들이 있을 것 같다."고 예상합니다.

앞면지와 뒷면지에 나와 있는 푸드뱅크 그림을 다시 보면서 이야기를 나누었습니다. "패스트푸드들만 있다.", "싼 것들을 기부한 것이다.", "비싼 걸 기부하면 아까워서 싼 것을 기부한 것이다.", "건강하지 못한 물건들만 있는 것 같다."며 자신의 생각들을 다시 되짚어 보았지만 여전히 이구동성으로 마음가짐을 달리하면 가난해도 행복할 수 있다고 합니다. 그렇지만 엄마와 아이가 집으로 돌아오면서 자선가들 덕분에 '언젠가는 걱정없는 날이 올 거라고' 노래할 수는 있어도 자선이 기존 사회 구조를 고착화하는 역할도 하고 있다고 생각하니 마음이 좀 불편합니다.

볼로냐 라가치 상

볼로냐 라가치 상은 1966년부터 볼로냐국제아동도서전에서 제정한 상입니다. 이 상은 그래픽 디자인과 성취에서 탁월한 책을 출판한 출판사에 주어집니다. 그림책을 픽션과 논픽션으로 나누고 뉴호라이즌(NEW HORIZONS) 부분은 비서구세계권 출판계의 새로운 아이디어와 혁신적인 작품, 오페라 프리마(OPERA PRIMA)는 작가나 일러스트레이터가 처음 출판한 작품을 대상으로 시상합니다. 특히 우리나라는 2004년 『팥죽할멈과 호랑이』와 『지하철은 달려온다』로 픽션과 논픽션 부분에서 우수상을 받으며 꾸준히 볼로냐에서 사랑

> 『팥죽할멈과 호랑이』, 조호상 글, 윤미숙 그림, 웅진닷컴
> 『지하철은 달려온다』, 신동준 지음, 초방책방

받고 있습니다. 아이들과 함께 픽션 수상작 중심으로 읽어 보았습니다.

실수는 실패일 수 있다

누구나 아이들에게 용기와 희망의 메시지를 주고 싶을 겁니다. 특히 그림책은 그런 가치를 전달하기에 좋은 종합예술 작품이라고 해도 과언이 아닙니다. '용기를 내서 저쪽 세상으로 가도 괜찮아.', '실수를 해도 괜찮아, 실수는 새로운 시작일 수 있어.' 하고 다독입니다.

2018년 볼로냐 라가치 상 수상작인 『아름다운 실수』는 하얀 종이에 실수로 점을 찍으면서 시작됩니다. 점을 시작으로 수풀도 그리고 사람도 그려 보지만 여전히 실수투성입니다. 실수는 점점 커져 아이의 상상이 되고 상상은 다시 실수로 이어지면서 커다란 생각의 시작이 됩니다.

그림 그리기를 좋아하는 초등 중학년 여자아이는 이 책을 읽고 늘 실수가 싫고 짜증이 났었는데 실수를 바꿀 수 있다는 게 신기하다고 합니다. 그럼에도 한편으로 실수를 한 걸 지우고 새로운 디자인을 할 수 있지도 않을까 의문을 갖기도 합니다.

『아름다운 실수』, 코리나 루켄 지음, 나는별

중학생과 아름다운 실수가 무엇일까 이야기를 하다 보면 대부분이 아름다운 실수는 친구 대신 하얀 거짓말을 해 준 것을 말합니다. 한 친구가 '실수 = 실패'가 아님을 알겠지만 시험에서의 실수는 실패와 연결이 되어서 '아름답다고 하기는 어렵다.'는 이야기를 들려줍니다. 이 책의 주제와는 관련이 없었지만 이야기를 들려준 아이의 용기가 고마우면서 이런 현실이 씁쓸합니다.

보이는 저항과 보이지 않는 저항

누구나 곤란한 시기가 있습니다. 경제적으로 힘들다면 우리는 사회나 이웃에게 도움을 요청할 수도 있고 요청해야 하지요. 그런 의미에서 2015년 볼로냐 라가치 Book&Seeds 상을 수상한 『텅 빈 냉장고』와 2012년 볼로냐 라가치 픽션 부문 우수상을 수상한 『비밀의 강』은 시대와 문화가 다르지만 곤란한 시절을 이겨내는 이야기입니다.

『텅 빈 냉장고』의 악사 앙드레이 할아버지에게는 말라빠진 당근 세 개가 전부입니다. 할아버지는 당근 세 개를 들고 위층에 사는 나빌 아저씨를 찾아갑니다. 나빌 아저씨도 달걀 두 개와 치즈 한 조각뿐입니다. 둘은 삼층으로 올

『**텅 빈 냉장고**』, 가에탕 도레뮈스 지음, 한솔수북
『**비밀의 강**』, 마저리 키난 롤링즈 지음, 레오 딜런.다이앤 딜런 그림, 사계절

라갑니다. 삼층에는 피망과 쪽파가 있고, 사층에는 토마토 다섯 개 뿐이네요. 마지막 층 로진 할머니 집으로 올라간 사람들은 각자가 가지고 온 재료들로 파이를 만들기로 결정합니다. 모두가 힘을 모아 파이를 만들고 있을 때 여기저기 아파트와 거리마다 사람들이 모여 특별한 파이를 만들고 있었습니다.

볼로냐 라가치 상 심사평 중에는 "이 책은 이웃을 만들고, 그들과 함께 살아가며, 기꺼이 나누어 먹는 음식의 가치를 깨닫게 해 준다. 음식은 사람들이 어울려 살아가게 하며, 더불어 살아가게 만드는 기회가 된다. 마치 다 함께 만들어 낸 맛있는 파이처럼 말이다."라는 평이 있습니다.

아이들도 다 같이 협력해서 만드니 재미있고, 배고프니 더 맛있겠다고 합니다. 그리고 앙드레이 할아버지의 꿈이어도 서로 재료를 모아 협동해서 파이를 만드는 모습이 좋았다고 하지요. 그러나 왜 마트에 가서 음식을 사면 되는데 그렇게 안 했는지 궁금하다고 합니다.

『비밀의 강』에서 칼포니아는 아빠에게서 불경기라는 말을 듣습니다. 아빠의 생선 가게에는 팔 생선이 없고, 마을 사람들의 생활 또한 곤궁하게 됩니다. 칼포니아는 아빠와 마을 사람들을 돕고자 '비밀의 강'을 찾아 나서기로 합니다. 칼포니아는 알버타 아주머니가 말해 준 '코끝이 이르는 대로' 길을 따라가 마침내 비밀의 강을 찾습니다. 메기를 잡고 집으로 돌아오는 도중 배고픈 부엉이, 곰, 표범을 만나 그들에게도 싱싱한 메기를 대접합니다.

초등 고학년 아이들은 칼포니아가 믿을 수 있는 이웃이 있다는 것이 참 좋은 것 같다고 합니다. 그리고 어려워지면 자기네만 생각하는 마음이 커질 수도 있는데 그러지 않고 서로 도와줘서 불경기를 끝날 수 있었던 것 같다고 합니다. 동물들이 가만히 있었던 것도 그런 칼포니아의 마음을 알기 때문이라고 하네요. 그리고 믿음을 가지고 아빠도 외상으로 메기를 팔 수 있었다고 합니다.

『텅 빈 냉장고』에서는 자신의 곤란함을 이웃에게 공개합니다. 『비밀의 강』에서는 불경기를 칼포니아와 주술이라는 행위에 기대어 해결하고 있습니다. 그러고 보면 『비밀의 강』에서는 흑인 공동체의 곤란한 상항을 보이지 않게 드러내는 반면 『텅 빈 냉장고』에서의 곤란함은 각 층마다 이어져 마을 전체가 동질화된 행동을 불러일으킵니다. 그래서 곤란함이 해결되는 장면이 환상이 되어 버린 게 아닐까요? 아이의 말처럼 앙드레이 할아버지의 꿈이고 마트에서 음식을 사면 되는데, 그러지 않는 그림책 속 사람들의 행동이 아이에게는 비현실적으로 보이는 것 같습니다.

아이들이 서로에게 추천하는 책

8살 아이가 깔깔거리며 웃습니다. 엄마, 엄마를 연신 부르면서 아이가 티셔츠와 바지를 뒤집어 쓴 채 버둥대는 장면을 보여 줍니다. 그리고 잠옷을 벗으면서 '옷이 걸려 벗지 못한지 얼마나 지났을까'를 놀이처럼 합니다.

『벗지 말걸 그랬어』는 2017년 볼로냐 라가치 상을 수상했습니다. 목욕을 하라는 엄마의 말에 혼자 옷을 벗겠다며 고집을 부리다 티셔츠가 목에 걸려 난처한 상황에 빠진 아이의 이야기입니다. 티셔츠를 뒤집어 쓴 채 아이는 그대로 지내기로 합니다. 자기와 똑같은 친구도 만납니다. 평생 못 벗으면 어떻게 할까? 고민도 하지만 이번에는 바지를 벗어 보려 합니다. 그러다 결국 엄마에게 벗김을 당하고 맙니다.

초등 고학년 아이는 아직 어린아이인데 자존심이 있어서 끝까지 버티는 게 마음에 들었다고 합니다. 또 다른 아이는 실수였지만 그 실수에도 만족하는 부분이 좋다고 합니다. 그런데 아이들 대부분은 왜 엄마에게 바로 도움을 요청하지 않는지 궁금해합니다. 그리고 초등 고학년은 엄마가 기다려 주는 것도 대단하다고 합니다. 이 책은 아이들이 서로 돌려가면서 추천하는 책입니다.

『벗지 말걸 그랬어』, 요시타케 신스케 지음, 위즈덤하우스

작가는 "제가 생각하는 좋은 그림책은

책 안에 '틈'이 있는 책이라고 생각합니다. 그 틈 안으로 독자의 경험이 들어가면 재미있어지고 자신의 일처럼 느껴지지요."라고 말했습니다.

아이는 아이대로 자존심이 상하지 않고 자기와 같은 생각을 하는 친구를 만나고 또 새로운 도전을 할 수 있다는 점이 아이들을 끌어당기는 게 아닌가 싶습니다.

아이들이 원하는 그림책은

국내외의 유명 수상작들은 각각 수상 기준이 명확하고, 공정하게 심사하여 작가나 작품을 선정하고 있지만 극찬으로 이어지는 추천사들은 아이들에게나 어른 독자에게도 부담이 됩니다. 그래서 수상작이라고 하면 내 아이에게 맞는 책인지를 염두에 두기보다 이 정도는 알려 주어야 되지 않나 하는 접근으로 추천하게 됩니다. 그러다 보니 아이들의 다양한 해석이나 잘못된 해석들이 오히려 아이의 능력 부족으로 비추어지기도 합니다.

아이들은 자기 경험으로 책을 읽기도 하지만 자기 경험으로 책을 거부하기도 합니다. 특히 무거운 주제나 가치가 분명하게 드러나는 책일수록 어른이 가르치고자 하는 것이 분명하기 때문에 거부하는 것은 아닌가 생각됩니다. 민주주의니, 인권이니, 차별이니, 페미니즘이니 하는 가치를 가르쳐야 하고 가르치는 게 마땅합니다. 그렇지만 아이들이 원하는 그림책의 즐거움은 따로 있는 것 같습니다.

    아이들이 책을 읽으면서 단순히 지식을 습득하거나 저장하는 것이 아니고 그림책을 읽고 현실의 틀을 구축한다고 본다면 어떨까요? 그 틀이 구축되어 가는 과정에 어른들은 아이들에게 어떤 틀을 강요하지는 않는지 한 번 더 고려해 볼 필요가 있지 않을까요? 지금 당장 아이가 주제에 맞는 생각을 못한다고 아이를 의심하기보다는 수상작들이 말하는 어떤 틀이 있지 않은지 의심해 볼 필요가 있습니다.

현실을 그대로 담아
불편한 그림책

윤희정
스키마언어교육연구소 연구원이자 MBTI 일반강사. 그림책 읽기로 마음 돌보기, MBTI와 그림책의 만남 강사로 활동 중이다.

그림책을 읽는 대상이 확대되고 있습니다. 그림책이 다루는 주제 역시 아이의 생활 반경을 넘어 사회 전반의 문제까지로 확장되었다는 의미일 것입니다. 가정과 학교에서는 현실을 반영하는 그림책을 아이들에게 권합니다. 아동 성폭력, 학대, 학교 폭력과 혐오 범죄의 잠재적 피해자가 될 수 있다는 걱정 때문일까요, 아니면 아이들이 현실의 문제를 부담 없이 인식하는 데 그림책이 갖는 간결성과 다채로움이 효과적이라 여겨서일까요?

현실의 문제를 다룬다는 것은 삶의 불편하고 어두운 면, 추악하고 공포스러운 면을 드러내는 것입니다. 글과 그림이 폭력, 전쟁, 죽음, 학대와 같은 주제를 함축적으로 담아내야 한다는 것이지요. 그래서인지 현실 반영 그림책의 추천사나 온라인 서점 리뷰에는 아이들이 민감한 주제를 어떻게 받아들일지, 이해가 가능한지, 필요는 느끼지만 어떤 식으로 아이에게 전달할지에 대한 고민과 망설임이 드러납니다. 그럼에도 어른들은 그림책을 도구 삼아서라도 아이들이 현실 인식의 깊이와 폭을 넓히고 문제를 해결할 수 있는 힘을 배우길 바랍니다. 어른들의 가르침에 대한 섣부른 욕심이, 열린 호기심으로 세상을 다양하게 해석할 수 있는 아이들의 가능성을 가로막는 건 아닐지 우려스럽습니다.

인형은 아무 도움도 안 되잖아요?

『슬픈 란돌린』에서 큰 귀를 가진 란돌린은 유치원에 다니는 브리트의 인형입니다.

> 『슬픈 란돌린』, 카트린 마이어 글, 아네트 블라이 그림, 문학동네

란돌린은 브리트가 간직한 나쁜 비밀 때문에 슬프지만 인형이기에 아무한테도 그 비밀을 말할 수 없습니다. 침대 밑에 떨어진 브리트가 그린 슬픈 그림을 본다면 브리트의 엄마도 비밀을 알아차릴 텐데 말이죠. 때때로 엄마를 찾아오다가 지금은 한 집에서 살게 된 아저씨는 브리트를 안고 부비고 침대로도 데려갑니다. 화가 나서 견딜 수 없던 란돌린은 "넌 아저씨의 장난감이 아냐! 비밀을 털어놓아야 해. 그런 고통을 당하는 사람은 도움이 필요해."라고 말합니다. 결국 브리트와 란돌린은 가깝게 지내던 프레리히 아줌마에게 도움을 요청합니다.

여자아이들은 의붓아빠가 브리트를 성추행, 폭행하는 장면을 사실적으로 묘사한 장면에서 눈을 떼지 못하고 숨소리조차 내지 않습니다. 반면, 남자아이들은 '야하다', '변태다'라는 온갖 야유를 보냅니다. 이러한 차이는 책을 읽은 뒤 아이들이 보이는 반응에서도 드러납니다.

열 살 미만의 여자아이들은 "인형은 아무것도 할 수 있는 게 없구나. 나에게 인형을 자주 사주는 할머니, 할아버지에게 이 책을 읽어 보시라고 할 거다."와 같이 브리트에 대한 이야기

는 아끼고, 인형 란돌린에게 관심을 보입니다. 브리트의 위험을 누구보다 먼저 알아차리고 도움의 손길을 건넨 란돌린이 유아기적 자신에게 안심과 평온을 제공한 애착인형을 떠오르게 했을까요? 내게도 벌어질 수 있는 있음직한 일임을 자각하는 동시 아이들의 무력감과 불안감도 커졌을 겁니다. 성폭행 피해자, 혹은 브리트의 입장이 되어 생각한다는 건 내게도 그럴 가능성이 있다는 걸 인정하는 것이고, 거기서 야기된 두려움이 브리트에 대한 침묵과 공감하길 거부하는 상황을 낳은 건 아닌지 추측할 뿐입니다. 그래서 브리트를 지켜주는 란돌린, 누구나 하나쯤 갖고 있을 법한 부드러운 인형 란돌린에게 관심을 돌리는 것인지도 모르겠습니다. 그래야지만 "마법사가 브리트를 도와주라고 강아지 인형에게 마법을 걸었나요?"라고 말할 수 있으니까요.

　　남자아이들은 "아저씨가 도대체 왜 브리트에게 그런 짓을 했는지 모르겠다. 왜 아무말도 안 하고 가만히 있었는지 답답하다.", "책 제목을 아동학대 신고는 국번 없이 129라고 바꿨으면 한다."라며 목소리를 높입니다. 브리트나 란돌린에 대한 안타까움보다 가해자에 대한 분노와 문제 해결에 초점을 맞춰 이야기합니다. 남자아이들은 문제 해결에 관심이 높구나 라고 판단해야 할까요? 여자아이에 비해 남자아이가 공감력이 떨어진다고 봐야 할까요? 만약 그림책에서 그려낸 가해자가 여성이고 피해아동이 남자아이라면 아이들의 생각이 어떻게 달라질지 궁금해집니다.

연령별로 보면 10세 이상 아이들은 '나쁜 비밀, 그 비밀은 알려져야 한다.'고 말합니다. 의붓아빠와 주인공 사이에 나쁜 비밀이 있는데 가장 가까운 엄마가 알아차리지 못함에 대한 불편한 감정도 숨기지 않습니다. 초등 고학년이 되면서 아이들의 생활 반경이 넓어지고 그런 만큼 안전에 대한 지침과 교과서적인 정답을 찾으려는 것일 수도 있습니다. 반면 간접 경험을 무한 선사하는 책의 가치를 받아들이고 해석의 확장이 가능할 만큼 아이들의 사고가 깊어지고 내면이 성장했을 수도 있고요.

14세 이상 아이들은 남녀의 구분이 두드러지지 않습니다.

'『슬픈 란돌린』에선 인형이 생각도 하고 말도 하지만, 현실 세계에서 성폭력 피해자는 홀로 고통을 당하고 이겨내야 한다. 이런 일을 당한다면 혼자가 아니라고 생각하고 주위를 둘러볼 수 있을까? 사람을 찾아서 비밀을 얘기해야 하는 건가? 어린 브리트가 주변 어른이나 이웃이 아닌 인형한테 자신의 비밀을 말한 이유는 의지처가 란돌린뿐이기도 했지만 무엇보다 묵묵히 들어주는 존재여서 속이 후련했기 때문이 아

닐까?'

이쯤 되면 이야기 자체에 동화되기보다 사회화되어 가는 과정에서 체득한 경험과 지식을 바탕으로 그림책을 해석하게 되는 것 같습니다.

그림책에선 성폭력 피해 아동이 죄책감과 고통을 주변에 알리지 못하다가 조력자를 만나 자신에게 잘못이 없다는 것, 비밀을 간직하면 고통이 더해질 수 있다는 지점을 중점으로 다룹니다. 비밀을 말하고, 가해자의 처벌만으로 문제가 해결되진 않는다는 것, 그 이후 피해 아동이 겪어야 할 험난한 여정은 말하지 않습니다. 성폭력 이후의 고통에 대해서 짚어낼 수 있는 것, 성폭력 피해 아동에게 예방과 치유적 목적을 갖고 그림책을 보여 줬을 경우 당혹감을 불러 일으키게 되진 않을지, 그것이 상처가 되는 것은 아닌지 숙고할 필요가 있지 않을까요? 아이들은 제한된 지면 안에서도 그 지점을 짚어내고 있습니다.

아무 일도 없었다는 거짓말

『가족 앨범』의 생쥐 단비네 가족은 소파 밑에 삽니다. 단비는 인형을 얻기 위해 막둥이 삼촌과 기분 나쁜 뽀뽀를 하고 포옹

> 『**가족 앨범**』, 실비아 다이네르트·티네 크리그 글, 울리케 볼얀 그림, 사계절

합니다. 막둥이 삼촌은 단비에게 둘만의 비밀을 말하면 단비가 소중히 여기는 가족 앨범이 찢어질 거라고 협박합니다. 어느 날 고양이 뭉치가 놓은 쥐덫에 단비가 걸리고, 언제나 지켜주겠다던 막둥이 삼촌은 혼자 도망갑니다. 단비는 엄마에게 모든 걸 털어놓고 엄마는 "그건 네 잘못이 아니야."라고 말합니다.

쥐를 의인화하고 쥐의 꼬리를 남성의 성기로 은유하지만 분명 성폭력을 다루는 책이란 걸 알 수 있습니다. 그런데 아이들은 "삼촌이 단비를 지켜주겠다고 한 약속을 왜 지키지 않았어요? 가족은 보통 착한데 왜 단비 삼촌은 거짓말을 하고 쥐덫에 걸린 단비를 모른 척했나요?"라고 질문합니다. 의외의 반응입니다. 그림과 글 모두 명백히 삼촌이 폭력을 행하고 있음을 드러냄에도 혈연관계인 삼촌은 지켜주는 존재이지 가해자가 될 수 없다고 판단한 이유가 궁금합니다. 만약 작품의 의도를 짚어 주기 위해 삼촌이 성폭행을 했다고 가르쳐 준다면 어떨까요? 나에게 친근한 실제 삼촌이 더 이상 함께 놀아주는 친구 같은 존재가 아닌 의심해야만 할 무서운 어른으로 비춰지지 않을까 걱정이 됩니다.

가까운 사람들의 거짓말, 어른들의 거짓말에 민감하게 반응하는 것은 어떻게 이해해야 하는 걸까요? 일상에서 겪어 본 어른들의 거짓말이 더 공감을 불러일으켰을까요? 사실 성폭력은 비밀과 거짓 위에 자행되는 것이니 아이들이 그 정곡을 찌른 것일 수도 있겠습니다.

가정 폭력을 회피하거나 이해하려고 하는 아이들

『앵그리맨』의 주인공 보이의 집에는 일급비밀이 있습니다. 아빠의 기분이 좋지 않을 때 앵그리맨이 아빠의 얼굴, 목구멍, 손과 발에서 비집고 튀어나와 집을 부수고 보이와 엄마를 때리는 것이지요. 앵그리맨이 떠나도 보이는 안심할 수 없습니다. 그래서 결국 보이는 임금님에게 편지를 쓰고 아빠는 임금님의 궁전에서 살게 됩니다. 그곳에서 보이의 아빠와 아빠 안에 있던 앵그리맨, 늘 울음을 터뜨리기 직전인 작은 아빠와 심술궂은 절름발이 노인을 보살펴 줍니다.

초등 저학년은 아빠가 앵그리맨으로 변하는 것을 슈퍼 히어로 영화의 헐크의 변신과 연결지어 말합니다. "분노의 게이지가 올라가면 헐크처럼 앵그리맨이 아빠의 발바닥부터 타고 올라오는 거지. 앵그리맨이 아빠 몸에 기생을 하는 거네."라고 흥분하는 아이들을 보면 당혹스러울 때도 있지만 폭력을 고스란히 받아들여야 하는 아이들의 입장에선 가해자가 누구든 거대

『앵그리맨』, 그로 달레 글, 스베인 니후스 그림, 내인생의책

한 악당의 모습으로 보일 수 있겠다 싶습니다. 대개 남자아이들은 아빠를 영웅시하고, 아빠처럼 되고 싶은 꿈을 꿉니다. 보이 역시 아빠처럼 되고 싶습니다. 그런데 아빠는 악당의 모습으로 둔갑한 겁니다. 아이들은 삽화를 여과 없이 제 나름대로 받아들입니다. 영상매체를 통해 익숙해진 슈퍼 히어로 또는 악당을 보이의 아빠에게서 발견한 것일까요?

흥미롭게도 중학생 아이들이 이렇게 말했습니다.

"초등 고학년 정도부터는 모르겠지만 앵그리맨을 초등 저학년 아이들이 읽으면 판타지로 이해하지 않을까요? 상징으로 봐야 하는데 재미로만 볼 수도 있을 것 같아 걱정 돼요."

폭력의 상황에선 가해자와 피해자 그리고 방관자와 조력자가 등장합니다. 보이네 옆집 아줌마는 모든 걸 볼 수 있는 아주 두껍고 튼튼한 안경을 쓰고 있습니다. 이 지점에서 아이들은 궁금합니다.

"모든 걸 보는 그 아줌마는 다 알 텐데, 어떤 행동도 하지 않고 왜 괜찮냐고만 물었을까요? 혹시 아줌마가 마법사나 초능력자 아닐까요? 마법사나 마녀들은 시험 삼아, 진실을 알기 위해 세 번을 물어본대요. 어쩌면 뭐든지 아는 능력만 있을 뿐, 도울 정도의 실력은 안 되는 마법사일 수도 있어요."

현실이지만 아이들이 겪어 보지 않은 것은 그저 판타지에

지나지 않는 건 아닐까요? 아이들이 배운 윤리적 관점에선 어려움에 처한 사람은 적극적으로 도와야 합니다. 옆집 아줌마는 그 도식에서 비켜난 인물입니다. 그러니 실력이 안 되는 마법사라는 편이 아이들 입장에선 받아들이기 편할 수 있겠습니다. 아이들은 가족의 죽음이나 가족 간의 갈등은 피하고 싶어 합니다. 그러니 『앵그리맨』은 아이들에게 있어 일어날 가능성을 내포한 판타지, 비현실 장르일 수 있겠지요.

초등 고학년은 "학교나 유치원에서 학교 폭력, 가정 폭력에 대해 배웠을 텐데 곧장 신고부터 해야지 왜 시간만 보내요? 너무 무서우면 어떻게 하는지 까먹긴 하죠. 어린이는 미래에 어른이 될 테니까 교육을 잘 시켜야 해요. 나중에 가정 폭력 가해자가 되어선 안 되니까요. 그리고 보이나 엄마, 옆집 아줌마가 바로 신고 안 한 건 너무 못마땅해요."라고 말합니다.

재난 상황에 대처하는 매뉴얼을 보듯, 교과서를 익히고 문제집을 풀듯 정답처럼 이야기합니다. 왜 신고하지 않았느냐고. 신고할 수 없는 보이나 엄마의 태도에 공감을 하기보다 나무라는 투로 반응합니다. 더 나아가 폭력을 당한 어린이가 꼭 읽어야 한다고 당부하는 아이는 치유의 목적이 아닌 피해자가 잠재적 가해자가 될 수 있지 않을까에 초점을 맞춥니다.

남자아이들의 경우 아빠는 바깥일을 하고 생계를 책임을

지는데 그러다 보면 스트레스가 쌓일 테고 그것을 풀 수 있는 곳이 집이니 어느 정도 이해해 줘야 한다며 앵그리맨을 옹호하고 나서기도 합니다. 반면 고학년 여자아이들의 경우 엄마가 보이에게 일급비밀임을 강조하며 아빠의 폭력을 감추려 하는 것이 안타깝지만, 한편으론 아빠가 없으면 먹고사는 문제, 보이를 양육하는 데에 어려움이 따르니까 이해한다는 입장을 보입니다.

불과 1~2년 차이로 입장이 달라진다는 것이 놀랍습니다. '폭력과 범죄에는 신고'란 도식을 주장하던 아이들이 부모의 입장을 이해하겠다는 태도를 취합니다. 영화 '안녕, 베일리'에서는 알코올 중독으로 폭력을 일삼던 남편을 내쫓는데 보이의 엄마는 왜 그런 용기가 없었는지 못마땅하다고 고개를 갸웃합니다. 그래서 보이는 엄마 대신 외부의 힘(임금님에게 편지를 보내 도움을 요청)을 빌었다는 것이죠.

굳이 아이에게 가정 폭력을 예방해야 한다는 취지를 갖고 비장하게 책을 쥐어 주지 않더라도 아이들은 키가 자라온 시간만큼 체득한 자기만의 시각으로 다양한 반응을 보입니다. "가정 폭력을 다룬 『앵그리맨』은 할아버지가 읽어야 한다. 할아버지는 아들도 손자도 사랑하기에 둘 모두에게 상처를 주지 않게 도움을 줄 수 있을 거다."라는 초등학교 4학년 아이의 말이 놀랍습니다. 굳이 폭력의 대물림을 이야기하고 설명하지 않아도, 그림책 안의 상징을 아이는 나름대로 해석할 수 있는 힘이 있습니다.

튀르에게 먼저 사과부터

『빨간 볼』에서 튀르의 볼이 빨개진 걸 알게 된 '나'는 친구들을 불러 튀르의 볼을 보라고 합니다. 아이들은 새빨개진 튀르를 보며 수군거리고 웃습니다. 튀르가 그만하라고 해도 파울은 계속 놀려댑니다. '나'는 튀르를 그만 놀리라고 파울에게 말하지만, 힘이 센 파울이 무서워 더 이상 말하지 못합니다. 어느 날 선생님이 친구를 괴롭히는 사람이 있는지 묻습니다. '나'는 용기를 내 손을 올립니다. 이어서 친구들도 손을 들고 선생님께 사실을 털어놓습니다. 파울이 씩씩대며 으르렁거리지만 맞서는 친구들 앞에서 얼굴빛이 파래지며 돌아섭니다.

책의 추천사는 무작정 다수의 의견을 따르지 않는 것이 바로 '용기'이고, 소수의 의견에 귀를 기울일 줄 아는 것이 '배려'라고 말합니다. 흥미롭게도 아이들은 같은 책을 읽고 용기나 배려에 대한 이야기보다 다른 방향의 이야기를 들려줍니다.

『빨간 볼』, 얀 더 킨더르 지음, 내인생의책

초등 저학년 아이들은 "파울 머리색도

빨간 빛이 있고, 나도 빨간 줄무늬 티셔츠를 입었는데 왜 튀르만 놀려요? 튀르의 빨간 볼이 못생겼다고 놀리나요? 파울이 빨간색에 대한 공포증이 있거나 그냥 튀르가 싫었던 것이 아닐까요?"라고 묻습니다. 다수가 그들과 다름을 보이는 소수를 놀린다는 사실보다 구체적인 상황, 빨간 볼에 초점을 맞춰서 궁금해하고 그 답을 찾으려 합니다. 아이들에게 책의 추천사에 나오는 용기와 배려라는 추상어는 멀고 어려운 단어가 아닐까요? 가시화될 수 있는 것, 구체적인 단서로 이야기를 엮어가는 아이들에겐 다수와 소수란 어휘도 낯설 뿐입니다. 친구들에게 으름장을 놓던 파울이 풀이 죽어 돌아설 때 볼은 파란빛으로 변합니다. "왜 파울은 파래졌어요? 창피하면 파래져요?", "진실을 말하고 싶으면 손을 번쩍 들라고 말하는 책인가요?" 저학년 아이들은 세상을 탐구하며 나의 모습을 만들어 가는 시기에 있습니다. 보이는 대로 받아들이고 받아들인 것을 나의 행동으로 체득하는 것이라 여겨집니다. 갈등 상황이 되었을 때 울거나 떼쓰지 말고 또박또박 말을 하라고 요구받듯이 이 책을 통해 진실을 말하기 위해선 손을 번쩍 들어야 한다는 것을 받아들인 걸까요?

초등 중학년은 '나'의 행동에 대해 의아함을 넘어 불만을 표현합니다. "처음 놀린 것도 '나'인데, 괴롭힐 땐 언제고 갑자기 착한 아이처럼 구는지 모르겠다. 자기가 시작하긴 했지만 그 놀이가 지루해진 걸까? 아니면 착한 역할을 하고 싶어서 그런 걸까? 그리고 튀르에게 사과부터 해야 하지 않나? 선생님이 괴롭히는 사람이 있는지 말하라고 하니까 그제야 손을 드는 건 이해할 수 없다. 파울이 무섭다는 건 변명이고 오히려 튀르를 위해서 희생하고 싶지 않은 마음이 컸던 거 아닐까?" 아이들은 선생님의 개입으로 '나'가 손을 올린 것을 못마땅해합니다. 자신이 먼저 놀리기 시작해서 왕따가 생겼는데, 그럼 자신의 행동부터 사과해야 하지 않냐는 아이들의 말이 타당하게 들립니다.

대개 왕따와 또래관계의 갈등을 다룰 때 어른들의 현명한 개입이 필요함을 말합니다. 이 책에선 선생님이 아이들에게 건네는 두 번의 질문이 '나'의 용기를 끌어냈다고 추천사는 말합니다. 하지만 아이들은 이 부분을 불편해합니다. 선생님에게 잘 보이기 위해서 손을 올린 행위는 얄밉고 혼자 빠져나간 걸로만 여겨진다는 겁니다. 놀림과 따돌림을 당해 본 경험이 있는 아이라면 '나'의 행동이 얄미워 보일 수 있을 겁니다. 또래관계 안에서 부침을 겪고 세상을 배우는 과정에서 겉으로 보이는 모습과 감춰진 진실은 다르다는 것을 알아차린 건 아닌지 씁쓸해집니다.

초등 고학년 아이들은 대체로 선생님과 책에는 등장하지 않는 튀르의 부모를 소환합니다. 아이들이 튀르를 놀렸다면 눈에 띄었을 텐데 선생님은 정말 괴롭히는 아이가 있다는 사실을 몰라서 묻는 것인지 강하게 반문합니다. 설령 선생님이 눈치채지 못했더라도 튀르의 표정이 밝진 않았을 텐데 너무 이해할 수 없다는 입장을 보입니다. 또 튀르가 파울이 자신을 죽일지도 모른다고 무서워하는 걸 보면 선생님이 지켜줄 수 있다는 믿음도 없는 것 같고, 튀르도 부모님에게 말하지 않은 걸 보면 평상시 튀르의 부모는 튀르에 대한 믿음이 없을 거라는 겁니다.

신뢰와 믿음이란 키워드로 이야기가 전개되는 것이 흥미롭습니다. 책 제목부터 왕따를 다루는 책임을 명시했습니다. 그런데도 아이들은 어른들에 대한 불신을 드러냅니다. 선생님의 행동도 의심합니다. 왕따가 일어나는 현장이 버젓이 학교 안인데 모를 수 없다는 겁니다. 사춘기를 맞이한 아이들이 어른에게 보내는 삐딱한 시선일까요? 아이들이 한 해 두 해 경험하며 습득한 어른들의 행태를 꼬집은 해석일까요? 이런 시선을 거둘 수 없는 아이들에게 다수의 의견을 따르지 않는 소수의 용기를 기대하긴 쉽지 않을 것 같습니다. 신뢰와 믿음의 보호 하에서 용기도 싹을 틔울 수 있지 않을까요? 치열하게 관계를 엮어나가는 아이들의 체감은 날것일 수 있지 않을까요? 어른들의 일방적이고 교훈적 해석은 아이들의 시선을 오히려 비딱하게 고정시키고 아이들의 해석에 저항감만 불어넣는 건 아닌지 모르겠습니다.

공감을 강요하는 어른들의 욕심

『내 이름은 난민이 아니야』에서 아이와 엄마는 살던 곳이 위험해져 길을 떠납니다. 최소한의 물건을 챙겨 걷고 또 걷습니다. 많은 사람들 속에서 지내기도 하고 때론 엄마와 단둘이 지루한 시간을 보내기도 합니다. 불편한 곳에서 잠을 자기도 하고 낯선 언어를 듣고 생소한 음식을 먹어야 합니다. 주인공은 자신의 경험을 들려주면서 독자들에게 묻습니다.

'너라면 무엇을 가져가겠니? 얼마나 걸을 수 있겠니? 예전에 살던 집이 그리웠던 적이 있니?'

책 소개글은 "우리는 난민이라고 불리는 아이의 눈으로 세상을 새삼스럽게 다시 보게 된다."고 말합니다. 인터넷 블로거는 '나와 내 아이가 난민의 입장이라면 어떨지 생각해 보게 된다. 기부를 해야겠다.'라고 정답처럼 이야기합니다만, 정작 아이들은 주인공에게 공감하는 태도를 보이지 않습니다.

『내 이름은 난민이 아니야』, 케이트 밀너 지음, 보물창고 초등학교 1학년 아이는 표정이 어두워져 묻습니다.

"이름이 난민이에요? 별명을 부른 건가요? 너무 어려워요. 왜 이런 책을 쓴 거죠?"

책을 읽은 뒤 난민에 대해 간략히 설명을 해 줬습니다. 아이는 몸을 배배 꼬며 어렵다는 말만 연신 합니다.

초등학교 3학년 아이는 주인공의 거듭되는 질문에 왜 질문을 반복하느냐고 '대답하기 싫다'며 못마땅한 표정을 짓습니다. 모르는데 왜 자꾸 묻느냐는 거지요. 겪어 보지도 않고 관심도 없는 상황을 들이밀며 채근한다고 여겨졌을까요? 책의 의도가 명확한데 그것을 묻는 것이 오히려 못마땅했던 건 아닐까요? "너라면 무엇을 가져가겠니?"라고 물을 때 대부분은 '스마트폰'과 '게임기'를 꼽습니다. 씻고 옷을 갈아입을 수 없는 환경에 놓인 주인공을 보면서 "어차피 귀찮은데 안 씻고 안 갈아입으면 좋죠."라고 주저함 없이 얘기합니다.

공감은 입장 바꿔 생각할 수 있어야 가능합니다. 관계 맺음을 통해서 서서히 스며들 듯 타인을 이해하고 받아들일 수 있어야 공감도 제 기능을 발휘할 수 있을 겁니다.

아파트 화재로 이웃들이 대피소 생활을 하는 모습을 경험한 초등학교 4학년 아이는 그들이 난민과 다를 바 없다고 말합니다. 지금은 텐트나 학교 강당에서 불편하게 생활하지만 다시 집으로 돌아갈 수 있는 지역 주민들처럼 난민들도 사정이 나아지면 자신의 집으로 돌아갈 수 있을 것이고, 그때는 난민이 아니라는 것이지요. 다시 집으로 무사히 돌아가거나 새로운 곳에 정착하게 되면 난민이 아니라 평범한 국민이고 시민이라고 말합니다.

옮긴이는 "이제 난민은 우리와 상관없는 딴 세상 이야기가 아닙니다. 세계 곳곳에서 어렵게 살아가고 있는 난민들의 아픔을 잘 이해할 수 있게 되길 바랍니다."라고 썼습니다.

난민을 직접 경험한 제주도에 사는 아이들은 불편하단 이야기를 먼저 합니다. "학교 운동장에서 축구를 하고 싶은데 예멘 사람들이 먼저 점령했다. 어떤 사람인지 모르는 그들을 믿을 수 있을까? 법을 어기거나 범죄를 저지를 것 같다."라며 두려운 시선을 보내기도 합니다. 어른들의 시선이 겹쳐진 아이들의 평가일 수 있습니다. 글에선 공감하라고 요구하지만 일상에서 겪은 내용은 공감과 수용을 어렵게 합니다. 그들을 가까이서 지켜본 아이들은 그들의 아픔을 더 공감하고 이해할 수 있을까요? 세계 시민으로 살아갈 사람이라면 세계의 현실에 눈을 뜨고 바람직한 태도와 관점을 가져야 한다는 가르침은 오히려 아이들의 사고를 분리시키는 건 아닐까요? 아이에게 내 이웃도 아닌 먼 나라에서 온 이들의 아픔을 짧은 호흡의 그림책을 통해 직시하고 공감하라고 한다는 건 억지스런 욕심이 아닌지 생각해 봅니다. 오히려 어른들이 노력해야 하는 지점이 아닌가 돌아보게 됩니다.

난민에게 편견을 갖지 말고 그들의 입장이 되어서 생각해 보자고 강요하거나 표준화된 가르침을 주입하는 행위는 아이들의 자율적 사색을 방해할 뿐입니다.

불편한 이야기를 나눌 수 있기를

불편한 현실을 다룬 책들의 추천사나 리뷰에는 '폭력과 차별의 피해 당사자들이 읽는다면 상처가 치유되고 용기를 얻을 것이다.'라든가 '혹시 모를 불미스런 일을 예방할 수 있는 지침이 될 것이다.', '우리 아이가 왕따의 피해자가 되는 것도 방지하고 왕따 가해자가 되지 않게 도움을 줄 수 있다.', '편견의 시선을 거두길 바란다.'고 기대를 나타냅니다. 물론 폭력과 따돌림의 경험이 있는 아이들은 주인공과의 동일시를 넘어 관찰자로 참여하며 '너희의 잘못이 아니다, 나쁜 비밀은 말해야 하고 도움을 받을 수 있다.' 내지는 '다름을 인정하고 있는 그대로 바라보는 것이 용기다.'와 같은 메시지를 읽어낼 수 있을 거라 여겨집니다.

그런데 정작 아이들은 전혀 다른 이야기를 합니다. 어른이 읽어야 한다는 겁니다. 무력한 어린이나 피해자가 읽어서 나만 그런 불행을 겪은 것은 아니라는 위안으로 끝나는 것으론 부족하다고, 본질적인 문제를 해결하기 위해선 가해자, 부모, 경찰, 상담사 그리고 선생님, 어른들이 읽어야 한다고 한목소리로 이야기합니다. 어른들은 아이들을 생각해 이런 책들을 읽게 하지만 이런 험한 일을 벌이는 것은 대개는 어른이고, 설령 아이들이 학교 폭력을 행사하더라도 보호하고 시정해 줄 사람은 어른인데 왜 아이들에게만 읽게 하느냐는 거지요.

그림책은 이중 독자를 갖고 있습니다. 어른들은 교육적 목적을 숨기고 자신들의 관점으로 선택하고 평가한 그림책을 아이들에게 읽으라고 합니다. 아이들은 고정된 시선에 갇히길 거부합니다. 아이들만의 자유롭고 갇히지 않은 해석의 가능성을 위해 스스로 걸림돌을 치워 버리는 몸짓으로 보입니다.

전문가나 어른의 관점으로 엮고 해석한 주제를 가르치는 대로 충실하게 아이들이 습득할 거라는 생각은 착각이 아닐까요? 아님 그렇게 습득하도록 친절하게 부연 설명을 해줘야 한다는 부담에서 벗어나도 되지 않을까요? 누르면 툭 튀어나오는 준비된 말이 아닌 제 몸으로 겪은 나름의 이야기가 나오길 기대해도 될 만큼 아이들의 사유는 깊고 다채롭습니다. 아이들은 제 몸으로 겪은 일이 아니더라도 그림책이 들려주는 이야기에 동화되어 때론 공감하고 낯선 의문을 던지기도 합니다. 그림책과 현실의 경계를 넘나드는 과정에서 아이들은 현실을 직시하고 상황을 예측하는 힘을 얻을 겁니다. 그 힘은 아이들이 낯설거나 위협적인 상황을 풀어가는 데 나침반이 되어 주겠지요.

그러나 아이들의 삶과는 다소 거리가 있다고 여길 만한 주제, 난해하고 꺼려지는 주제를 왜곡 없이 이해하고 내 삶에 반영할 수 있을지는 여전히 의문입니다. 교과서를 익히듯 단순 지식 정보차원으로 받아들이고 교훈과 문제 해결의 지침으로 끝나지 않을까 하는 의구심이 해소되진 않습니다.

그럼에도 어른들이 피상적인 지식과 단순한 호기심을 뛰어 넘어 삶의 지평을 넓히는 데 아이들에게 제공할 수 있는 최선의 것은 무엇일까요? 아이들이 세상을 대하는 시선에 대한 신뢰와 해석의 다양성을 인정하는 것, 그림책과 상호 소통할 수 있는 자유로움을 선사해 주는 것에 대해 고민해 봐야 할 듯합니다.

은유와 상징으로
현실의 부조리를 그린 그림책

이지현
스키마언어교육연구소 연구원이자 MBTI 일반강사. 창의적 사고를 위한 그림책 지도 및 성인 그림책 동아리 운영을 위한 강의 등을 하고 있다.

관계의 중요성과 다양성을 인정해야 한다지만 여전히 차별과 편견으로 억압당하고 부당한 대우를 받는 소외된 계층이 존재합니다. 자연의 중요성을 강조하면서 자연보호를 중요한 가치로 부각시키지만 자연을 상품화시키는 이율배반적인 생활패턴도 여전히 반복되고 있습니다. 이런 인간 소외 현상과 자연 파괴의 모습을 그림책으로 살필 수 있습니다.

현대 그림책은 밝고 따뜻한 세상뿐 아니라 어둡고 차가운 세상까지 담아냅니다. 그림책은 냉정한 현실을 우화나 옛이야기처럼, 은유와 상징을 통해 보여 주지요.

슬픔을 모르면 공감을 할 수 없고, 억압 없이 자유를 소중히 여길 수 없습니다. 상상과 현실도 마찬가지입니다. 현실은 상상의 산물입니다. 상상의 세계에서는 진짜 원하는 것이 실현됩니다. 상상을 통해 소원을 이루게 되지요. 작가는 어두운 현실의 보기 싫은 문제들도 상상으로 보여 줍니다.

마을 사람들이 모두 사랑하는 파란 나무

『파란 나무』에서 마을 사람들은 언제나 파란 나무와 함께 살아갑니다. 모든 창문과 문에 파란 나무 가지가 드리웠고 사람들은 파란 나무를 사랑했기에 함께 어울려 사는 것이 행복했어요.

『**파란 나무**』, 아민 하산자데 샤리프 지음, 책빛 그렇지만, 왕은 나뭇가지들이 성으로 들어오는 게 싫어서 성벽을 더 높게 짓습니다. 왕은 늘 파란 나무가 자신보다 칭송받는 게 못마땅했고 결국 파란 나무를 완전히 베어 버립니다. 그리고 파란 나무의 자리에는 왕의 조각상이 들어섭니다. 사람들은 우울했고, 슬펐습니다. 그렇지만 그것도 잠시, 파란 나무의 잘린 가지들은 뿌리를 내리고 마을은 파란 나무 숲이 되었습니다.

책 뒷면에는 "그 어떤 억압으로도 무너뜨릴 수 없는 것이 있습니다. 그건 바로 '자유'입니다."라는 설명이 쓰여 있습니다. 책을 읽으면 왕은 자유를 억압하는 대립인물로 나옵니다. 말 그대로 글자에 갇혀 버립니다. 하지만 아이들의 의문은 다른 생각을 가능하게 해 줍니다.

"파란 나무가 창을 통해 들어오면 유리문을 닫을 수가 없잖아요. 음식하다 가지에 불이 붙을 수도 있는데 왜 마을 사람들은 모두 파란 나무를 사랑할까요?"

유리문을 닫을 수 없으니 온도 조절도 힘들고 방충망이 없으면 모기 등 해충이 들어올 수 있지요. 나무줄기가 우리 집 창문을 넘어 들어온다면 줄기를 베어 버리거나, 일조권을 방해 받는다며 결국 나무를 베어 버리지 않을까요?

그러고 보니 정말 궁금해집니다. 왜 마을 사람들은 불편한 나무와 함께 행복하게 산 걸까요? 초등학교 6학년 아이들은 마을 사람들 모두가 파란 나무를 사랑하니까 다들 유행처럼 사랑한 것이라 합니다. 5·18 민주항쟁 때 학생들의 시위를 돕던 주민들의 마음 같은 것이라고도 이야기합니다. 불편을 이겨내고 파란 나무와 함께 생활하는 게 더 가치 있고 평화롭게 여겨졌기 때문이라고도 하네요.

뒷이야기가 궁금한 초등학교 3학년 아이들은 왕이 나무를 베어도 나무는 또 자라고 왕은 대를 이어 나무를 베어 버리지만, 결국 사람의 수명보다 나무의 수명이 훨씬 길기 때문에 파란 나무숲을 이루게 된 것이라고 말해 줍니다. 저학년 아이들은 파란 나무를 통해 페인트칠한 나무, 놀이터나 소중한 친구 등을 떠올렸습니다.

중학교 2학년 학생들은 그림을 보며 책 이야기를 한 번 듣자마자 민중의 봉기, 혁명 등 자유라는 단어를 바로 떠올립니다. 어두컴컴한 창문을 통해 뻗어 나온 파란 나무가 마치 해초나 메두사의 머리카락인 뱀들이 엉킨 것처럼 보인다고도 합니다. 사람들의 표정이 피폐해 보여 파란 나무가 마약 같은 역할을 하고 있을 수 있다고도 합니다. 파란 나무가 사람들에게 해로운 존재라면, 왕은 질투 많은 못난 왕이 아니라 조각상을 세워도 될 만큼 훌륭한 왕이 되어 버립니다. 얼마 못 가서 파란 나무에게 진 무능한 왕이 되겠지만요.

하고 싶은 걸 못하게 막으면 몰래 하게 됩니다. 힘을 이용해 제거하려고 해도 제거할 수 없는 것들이 있습니다. 내가 사랑하고 지키고 싶은 것들이 꼭 좋은 것이란 법도 없습니다. 파란 나무는 벗어나기 힘든 중독적인 쾌락일 수도 있고 누군가에게는 삶의 활력을 주는 취미활동일 수도 있습니다. 목숨을 걸고 지키고 싶은 신념일 수도 있겠지만, 유행처럼 퍼진 실체 없는 허상일 수도 있습니다.

아이들의 이야기를 듣다 보니 파란 나무는 어떤 의미일까 다시 되묻게 됩니다. 무분별하게 다른 사람들을 따라가고 있는 건 아닌지, 한 목소리를 내고 있는 이유가 사리사욕을 추구하기 위한 건 아니었는지, 이루고자 하는 목표를 위해 누군가를 배제하고 억압하고 있었던 건 아닌지 말입니다.

숲으로 날아간 매미

『매미』에서 매미는 회사원입니다. 17년차지요. 실수는 없습니다. 하지만 회사에서는 매미를 승진시켜 주지 않습니다. 인사부에서는 사람만 관리하니까요. 동료들에게는 항상 무시받고, 맞기까지 합니다. 매미는 사람이 아니니고 동료들과 다르니까요. 매미는 은퇴합니

『매미』, 손 탠 지음, 풀빛

다. 파티도 악수도 없습니다. 매미는 옥상 모서리에 위태롭게 서 있습니다. 그런 다음 허물을 벗고 날개를 단 붉은 모습으로 날아갑니다. 저 멀리, 숲으로 말이지요. 지금 매미들은 숲에 살고 있습니다. 가끔 떠올리는 인간 생각에 웃음을 멈출 수 없습니다.

매미의 이야기는 아직 끝나지 않았습니다. 옥상 귀퉁이에 위태로이 선 매미를 보며 이주 노동자의 슬픈 현실을 떠올린 건 섣부른 판단이었습니다. 책 정보가 나온 마지막 페이지에 마츠오 바쇼의 하이쿠가 실려 있습니다.

'고요하고 평화로이 매미 소리가 바위를 뚫는다.'

앞면지는 회색 고층빌딩 숲이었는데 뒷면지는 초록 숲입니다. 매미는 인간의 횡포를 묵묵히 견디는 자연을 뜻하는 것으로 생각이 바뀝니다.

"톡 톡 톡."이 무슨 소리일지 궁금해하는 아이들의 생각은 참 다양합니다. 컴퓨터 자판 치는 소리, 카톡 소리, 허물 벗는 소리, 창에 매달려 밤낮 울어대듯 두드리는 소리, 세상 밖으로 나오려는 매미의 소리, 기쁠 때나 슬플 때나 눈물이 나기 마련이니 눈물 떨어지는 소리, 약자이기에 다른 사람에게 말할 수 없어 아예 입을 닫고 상처를 억누르는 소리, 차별받고 핍박받으면서 멘탈이 붕괴되듯 껍질이 조금씩 깨지는 소리, 인간을 욕하는 소리…….

초등 고학년 이상의 아이들은 외국인 노동자나 차별대우를 받는 사회적 약자를 떠올리지만 매미가 껍질을 깨고 날아오르는 모습을 보면서 희망적인 메시지로 받아들입니다. 인간을 소외시키는 도시를 떠나 숲으로 들어간 매미들이 꿈을 이룬 것이라고 말입니다. 참고 견디면 성공이라는 목표에 다다를 수 있을 테니 노력하라는 이야기로 해석하는 거지요. 아이가 평상시 듣는 어른의 목소리 같기도 합니다.

작가 숀 탠은 실제로 이주노동자인 아버지를 모티브로 매미 캐릭터를 완성했다고 합니다. 책 소개 글에서는 인간들에게 무시당하고 차별받고 괴롭힘을 당하는 매미는 나의 아버지, 어머니, 그리고 바로 '나'일 수도 있다고 합니다. 어른의 시각에서는 매미를 '나'로 바라보는 게 힘들지 않습니다. 하지만 이 책은 초등학교 1~2학년 대상의 그림책으로 분류되어 있습니다.

초등 저학년 아이들은 매미를 진짜 매미로 생각합니다. 매미가 땅 속 기간을 견뎌야 하는데 매미 자격을 박탈당한 낙오된 매미들이 땅속보다 더 혹독한 인간 세상에서 17년간 일을 해야지 겨우, 날개를 얻게 되고 매미들이 있는 숲으로 갈 수 있다는 것이지요. 매미가 곤충이다 보니 생김새가 징그럽고,

실수 없이 일을 잘하는 것이 부러워서 인간들이 괴롭혔다고도 합니다.

매미는 숲으로 돌아갈 수 있었지만 인간들도 매미를 따라 숲으로 돌아갈 수 있을까요? 숲은 회복해야 할 인간성을 의미할 수도 있습니다. 우리가 소중히 여겨야 할 가치들이 되살아나 푸른 숲이 조성될 수 있을까요? 과연 차별과 편견의 벽을 넘어설 수 있을지 두 권의 그림책을 더 살펴보겠습니다.

울타리와 벽을 넘나들며

『울타리 너머』에서 아기 돼지 소소는 소년 안다와 함께 아주 커다란 집에 삽니다. 안다는 소소한테 무엇이 필요한지 잘 안다고 생각해요. 그러던 어느 날, 소소는 산책을 나갔다가 야생 멧돼지 산들이를 만납니다. 산들이는 함께 숲에서 달리자고 하지만 소소는 울타리 너머로 나갈 수 없다고 하지요. 다음 날 해 질 녘, 소소는 옷을 벗고 산들이와 함께 울타리 너머로 달려 나갑니다.

참된 우정과 자유와 용기를 이야기하는 책입니다. 아이들도 그렇게 말합니다. 하지만 아이들은 소소가 울타리 밖으로 자유를 향해 영원히 가지는 않는다고 합니다. 울타리 밖에서 산들이

『울타리 너머』, 마리아 굴레메토바 지음, 북극곰

와 놀다가 언제든 안다에게 돌아올 수 있다네요. 아이들은 소소가 안다에게 자기주장을 하게 되길 바란다고 합니다. 안다도 자기 말만 하지 말고 소소의 이야기를 들어주어야 한다고 해요. 왜냐면 산들이가 덫에 걸렸던 숲은 너무 위험하고 집은 안전하기 때문입니다.

『무슨 벽일까?』, 존 에이지 지음, 불광출판사

　『무슨 벽일까?』에서는 붉은색 벽돌 벽이 세상을 양쪽으로 나누고 있는 가운데, 갑옷 입은 꼬마 기사는 벽 왼쪽 세상이 안전하다며 거기에만 있으려고 합니다. 하지만 왼쪽 세상에 물이 점점 차오르고, 악어와 거대한 물고기가 꼬마 기사의 등 뒤로 다가옵니다. 물에 빠지려는 순간 오른쪽 세상의 거인이 꼬마 기사를 구해 줍니다.

　책 소개 글에서 아이들이 용기를 내 마음의 벽을 뛰어넘을 수 있게 손을 잡아 주라고 합니다. 책 제목처럼 무슨 벽일까 물으니 아이들도 비슷하게 대답합니다. 안전하지 않은 벽, 편견의 벽, 오해의 벽, 편 가름의 벽, 마음의 벽……. 하지만 용기를 낼 수 있다면 거인과 꼬마 기사가 올라 앉아 낚시를 할 수 있는 벽! 아이들의 생각은 우리와 그들로 구분 짓는 몹쓸 벽조차 신나는 낚시터의 제방으로 보이게 도와줍니다.

　아이들은 울타리나 벽도 힘들게 넘어야 할 산이 아닌 자유롭게 오갈 수 있는 재밌는 놀이터로 바꾸어 버립니다. 아이들은 낯설게 보거나 거꾸로 보기가 힘들지 않습니다. 현대인의 자화상과도 같은 불편한 그림책들도 아이의 시선으로 바라보니 새로운 결말을 기대하게 됩니다. 인간소외를 보여 주는 냉정한 세상을 객관적으로 인식하게 하는 그림책들은 불안한 현실을 편안하게 회상해 볼 수 있는 미래를 꿈꾸게 합니다.

행복한 세상을 꿈꿀 때 우리는 자연이 제공하는 풍요로움을 떠올립니다. 자연에 대한 인간의 애정은 애틋하지만, 인간 중심적인 사고로 인해 자연을 쉽게 변형시키거나 훼손하고 있습니다. 이런 모습들을 그림책은 어떻게 담고 있을까요? 일상을 함께 나누는 반려동물에 대한 그림책부터 살펴보겠습니다.

완벽과 실패를 정하는 기준은

『완벽한 바나바』에서는 '완벽한 반려동물'이라는 가게 지하 실험실에 반은 생쥐를 닮고 반은 코끼리를 닮은 작은 동물이 살고 있습니다. 이름은 바나바입니다. 완벽한 반려동물을 만드는 곳이지만 바나바는 완벽하지 않았습니다. 연두 고무가 '실패작'이라는 도장을 찍지요. 실패작들은 재활용됩니다. 눈은 더

『완벽한 바나바』, 테리 펜·에릭 펜·데빈 펜 지음; 북극곰

크게, 털은 더 복슬복슬하게 더, 더 귀여운 모습으로요. 바나바는 바깥세상을 꿈꿉니다. 이 유리병 밖으로, 실험실 밖으로 나가고 싶어 합니다. 바나바는 유리병 밖으로 나가려고 발로 쿵 쳐 보고, 머리도 부딪혀 보고, 뿌우우 소리도 내 보며 포기하지 않습니다. 마침내 바나바는 유리병을 깨고 나옵니다. 그런 다음 다른 친구들도 꺼내 주고 모두 바깥을 향해 달려갑니다. 파이프를 지나 하수도를 지나, 종이상자에 완벽하게 포장되어 팔리고 있는 완벽한 반려동물들도 지나서, 탈출에 성공합니다.

추천 글에서는 다양성과 용기와 연대를 응원하는 진심 어린 우화, 자유에 대한 갈망과 자존의 메시지를 담았다고 하지만 아이들의 생각은 좀 다릅니다. 작가가 생각한 완벽의 조건인 자유가 행복을 보장해 준다고 생각하지 않는다는 것이지요. 상자 속 완벽한 반려동물들이 좋은 주인만 만난다면 자유를 쟁취한 실패작들보다 행복할 거라고도 말해 당황스러웠습니다.

중학교 2학년 아이는 염색해서 팔던 병아리를 보고 분노했던 기억을 떠올리면서 동물을 사고파는 행위와 유전자 조작에 반대 입장을 보이는 이 책이 참 마음에 든다고 합니다. 혹여나 어린 나이에 이 책을 읽고 철없는 아이들이 이런 동물을 사 달라 할까 봐 걱정이 된다는 말을 덧붙이면서요.

초등학교 6학년 아이들은 신기해서 좋아할 수 있는데 왜 바나바와 친구들에게 실패작이라고 하는지 궁금하답니다. 돌연변이처럼 생겨난 실패작들은 똑같이 만들어 낼 수도 없고 비용도 많이 들기 때문에 상업성이 없다고 판단했을 거라는 친구의 생각을 듣더니 완벽한 반려동물의 기준을 어떻게 정하게 되었을지, 대체 이런 사업을 어떻게 시작했을지 이야기를 나눕니다. 설문조사를 통해 완벽과 실패의 심사규정을 정해 놓았을 거고, 가게 사장이 자기 아이에게 선물하기 위해 DNA 합성 동물을 만들었는데 사람들의 반응이 좋아 사업을 하게 되었을 거라는 결론도 얻었지요.

완벽한 반려동물들이 상자 속에 진열된 것을 보면 그만큼 사람들이 많이 사 가는 것이고, 미래사회에 실제 일어날 만하지만 바나바와 친구들 덕분에 실험실의 정체가 밝혀져 사람들이 동물실험 반대 및 불매운동을 벌여 완벽한 반려동물가게는 쫄딱 망하게 될 거라고 거침없이 말합니다. 본인 스스로가 아니면 완벽도 실패도 절대 다른 사람이 규정할 수 없는 것이라는 친구 의견에 박수도 칩니다.

완벽한 상태란, 자기가 원하는 대로 되는 걸 뜻하기에 일관된 기준을 정할 수 없다고 합니다. 하지만 아이들에게 원하는 것이 무엇인지 물으면 구체적으로 답변하지 못합니다. 진정으로 자신이 원하는 걸 말하는 게 아이도 어른도 쉽지 않습니다. 그래서 우리 자신의 불완전함을 해소하기 위해 완벽한 반려동물 가게가 생겨난 것인지도 모르겠습니다.

풀이 왜 쓸모 있어야 하는지

『신기한 잡초』 속 세상은 메말라 가고, 움트는 생명도 하나 없이 점점 살기 힘들어지고 있었어요. 메도스위트 가족은 갑자기 쩍 갈라진 땅속 틈 밑에 갇혀 버리지요. 다행인 건 가족이 모두 함께라는 거예요. 이들이 믿을 건 반려 구관조 옥타비아뿐이었어요. 옥타비아는 씨앗을 물어 왔고 좁은 틈 사이에 씨앗을 심었어요. 엄마는 소용없는 잡초라고 하지만 잡초는 놀라운 속도로 자라납니다. 무성해진 잡초는 맛있는 열매를 따려다 떨어지는 엄마를 구해 주기도 합니다. 잡초의 도움을 받아 구멍 밖으로 무사히 나와 보니 주위에 초록 식물이 자라나고 있습니다.

소개 글을 보면 이름 모를 수많은 잡초들을 새로운 시각으로 바라보면서 자연이 가진 놀라운 힘을 전하는 이야기라고 합니다. 아이들은 이 신기한 잡초보다는 구관조 옥타비아에게 더

『신기한 잡초』, 퀸틴 블레이크 지음, 시공주니어

관심을 보입니다. 이런 신기한 잡초를 옥타비아가 어디에서 구해 왔냐는 거죠. 옥타비아가 바다에서 물 조금, 태양에서 열 조금을 섞어 씨앗을 만들어 왔다고도 합니다. 그래서 메마른 땅 속 깊은 구멍에서도 잡초가 그렇게 빨리 자랄 수 있었다는 거죠.

어떤 아이는 미래에서 가져온 슈퍼식물이라고도 합니다. 미래 식물을 차원 이동이 가능한 옥타비아가 가져왔다는 겁니다. 자연의 힘을 이야기하는 책에서 아이들은 신화적인 상상력을 발휘하거나 미래 과학 기술을 이야기합니다. 어떤 아이는 가족들이 너무 바빠 함께 있을 시간이 없으니 싱크홀 속에서 함께 시간을 보내라고 떨어진 것 같다고도 합니다.

아낌없이 주는 자연에게 고마워하기보다는 파괴를 일삼은 인간을 가장 인간답게 만들어 주는 건 결국 자연이라는 메시지를 담았다고 설명하는 작품 해설과는 다르게, 아이들은 메마름은 자연현상 때문이고 탈출할 수 있는 건 과학기술 덕분이라고 말합니다.

아이들은 잡초가 엄마를 구해 준 이유를 처음에 잡초를 뽑지 않았기 때문이라고 하네요. 잡초를 뽑아야 하는데 뽑지 않은 것만으로 보상을 받는다는 생각을 어떻게 해석하면 좋을까요? 나쁜 행동을 하지 않으면 상을 받는다는 생각은 어디에서 나온 걸까요?

　세상에 쓸모없는 풀은 없다는 작품 설명을 읽은 중학생은 풀이 왜 쓸모가 있어야 하는지 되묻습니다. 풀은 인간을 위해서 존재하는 게 아니라 그냥 자연으로 존재하기에 쓸모가 있다고 강조한다는 건 인간 중심적인 사고라는 것이지요. 옥타비아는 모든 일을 알고 있었지만 들을 준비도 안 되어 있고 자연에 신경 쓰지 않는 가족들에게 일부러 알려 주지 않았다고 합니다. 어려움을 겪어 봐야 자연의 소중함을 알게 된다는 거죠.

의도와 다르게 해석되는 주제

　『30번 곰』에서 북극곰은 봄꽃이 핀 겨울날 도시로 왔습니다. 실시간 검색어에도 오릅니다.

　'#30번 곰 #가방멘 곰 #기후 난민 곰'

　사람들은 아기 북극곰들을 펫숍에서 쉽게 사 갑니다. 북극곰을 위한 냉장고도 불티나게 팔립니다. 북극곰은 몸집이 커지면서 도시 곳곳에 버려지고 시민을 위협한다는 뉴스와 함께 사회 문제가 되었습니다. 사람들이 더이상 북극곰을 반기지 않던 어느 날 북극곰들은 모두 감쪽같이 사라집니다.

『30번 곰』, 지경애 지음, 다림

그림책을 덮고도 버려진 냉장고가 쌓여 있는 마지막 그림이 계속 떠올라 마음이 불편합니다. 전자제품을 사용하지 않고 지낸다는 건 상상할 수 없는 일인데 마치 내가 사용한 전자제품들 때문에 북극의 빙하가 녹은 것 같다는 생각을 지울 수 없습니다. 그렇지만 의도와 다르게 아이들은 북극곰이 어디로 갔을지 궁금해하며 살기 좋은 남극이나 그린란드로 이주했을 거라 합니다.

『이빨 사냥꾼』에서 아이는 벌거벗은 채 사냥꾼들에게 쫓기다 화살 총을 맞고 엄니가 뽑힙니다. 이빨은 시장에서 등급과 가격이 매겨지고 온갖 장식품으로 바뀌지요. 사냥꾼과 상인은 코끼리의 모습인데, 체크무늬 코트를 입은 코끼리 신사가 파이프를 사서 담배를 피웁니다. 자욱한 연기 속에서 아이는 꿈이 깨지요. 그때 코끼리 상아를 어깨에 멘 어른들이 들어옵니다. 아이는 사람들에게 무서운 이빨 사냥꾼 꿈 이야기를 해야겠다고 합니다.

그림책 속 어른들의 모습을 보면 왠지 아이의 말을 들어주지 않을 것 같습니다. 아이의 두려움은 코끼리에게 이빨을 사냥당하는 꿈보다는 상아를 메고 돌아온 어른들 때문인 것 같아 그림책의 경고가 더욱 무겁게 느껴집니다. 이야기 속에서 아이가 꾼 악몽은 코끼

『이빨 사냥꾼』, 조원희 지음, 이야기꽃

리들에겐 처참한 현실입니다. 책 소개에서는 '처지를 바꾸어 생각해 보는 것만으로도, 너의 고통을 잠시 상상해 보는 것만으로도, 나는 곧 네가 될 수 있으며, 악몽은 곧 현실이 될 수 있다.'고 설명합니다.

하지만 그림책을 본 초등학교 2학년 아이는 이빨 뽑는 일이 무섭고 힘든 일이란 걸 알려 주는 책이라고 합니다. 저학년 아이들은 아직 코끼리나 북극곰에게 큰 잘못을 한 적이 없어서일까요? 엉뚱한 독해를 한 듯 보이지만 마음이 무거워 보이지 않아 오히려 다행스럽습니다.

엉뚱한 생각과 세밀한 관찰 능력

세대를 넘나드는 독자를 가진 그림책의 경우 이해와 해석의 범위가 훨씬 다양할 수밖에 없습니다. 아이들의 문제에서 벗어난 인간소외, 자연파괴 등 무거운 주제를 다루는 그림책들은 자칫 어른의 경험과 배경지식을 통해서만 오역을 피할 수 있다고 생각할 수도 있습니다.

하지만 구체적인 그림과 사실적인 낱말을 있는 그대로 생각하는 어린이들이 그림책을 잘못 이해했다고 볼 수는 없습니다. 파란 나무를 페인트칠한 나무로, 매미를 진짜 매미로, 구관조 옥타비아를 초능력자로 보든, 자유·공존 등 추상적인 가치로 전환해서 생각할 수 있든, 현실을 마주하는 태도에서 별반 차이가 없다면 말이죠.

그림책은 시각적 문해력을 필요로 합니다. 글에 대한 오역만큼 그림에 대한 오역도 자주 하게 됩니다. 그림책의 함축된 의미를 아무리 잘 파악하더라도 고정관념에 휩싸인 어른 독자나 청소년은 이야기일 뿐 현실과는 다르다고 쉽게 구분 짓게 됩니다.

오히려 그림책에 그려진 대상에 감정이입을 가장 잘 할 수 있는 대상은 사물에도 생명을 불어넣을 수 있는 어린이 독자일 수 있습니다. 입장 바꾸어 생각할 수 있는 공감능력과 자신만의 주관적인 관점으로 그림책을 바라보기 위해서는 아이들의 엉뚱한 생각이나 세밀한 관찰능력이 필요합니다.

바다에서 물 조금, 태양에서 열 조금을 가져다 신기한 잡초 씨앗을 만들었다는 아이의 신화적인 상상력과 나뭇가지에 불이 붙으면 어쩌려고 파란 나무를 좋아하는지 묻는 아이의 예리한 질문을 통해 그림책이 한결 풍성한 의미로 다가옵니다. 그림책을 반복해서 읽고 아이들의 이야기를 듣고 파란 나무를 질투하는 어리석은 왕도, 고층 빌딩에서 일하는 불쌍한 매미도, 자기 말만 하는 안다와 내 편이 아니면 모두 경계해야 한다는 갑옷 입은 꼬마 기사도, 실패도장을 찍는 매정한 연두

고무들도 모두 내 모습이라는 걸 인정하게 되었습니다.

그림책은 자신의 경험과 시각적 문해력을 바탕으로 읽기에 서로 다른 관점으로 읽게 됩니다. 주관적인 해석을 자유로이 할 수 있기에 그림책이 세대를 아우르는 소통의 도구가 될 수 있겠지요.

글을 마치며

그림책의 다양한
해석을 위하여

　그림책의 분야가 다양해지고, 그림책을 해석하는 시각도 다양해지고 있습니다. 새롭고 낯선 비평을 읽으면서 분석 대상이 된 그림책을 구해서 비교해 보고 그런 비평에 놀라고, 그림책에 그런 숨어 있는 상징이 있다는 점에 또 놀랍니다.

　그런데 다양하게 해석을 하더라도 작가의 의도나 주제를 반대로 해석한다면 어떨까요? 예를 들어 『구름빵』에서 부모를 생각하는 따뜻한 마음도 느끼지만 하늘을 날아 신나는 모험을 하지 못한 아쉬움을 같이 느낀다면 창의적인 독해라고 할 수 있겠지요. 그런데 효도라는 심리적 부담 때문에 모험을 하지 못했다고 해석한다면 제대로 독해를 한 것인지 판단하기 쉽지 않습니다. 끝 장면에서 다시 구름빵을 먹었으니 본격적으로 하늘을 날아갈 것이라고 해석할 수도 있습니다. 이처럼 결말을 다르게 해석하면 이야기가 많이 달라집니다.

불편한 해석을 받아들여야

예를 들어 『괴물들이 사는 나라』에서 맥스가 "그럼, 내가 엄마를 잡아먹어 버릴 거야." 하고 소리칠 때 엄마는 처음엔 저녁밥을 안 주고 방에 가둬 버렸지만 나중엔 따뜻한 밥을 올려놓았습니다. 이 장면을 보고 아이와 엄마는 화해를 했다고 해석합니다. 그런데 내려와서 저녁을 먹게 하지 않고, 방 색깔이 어둡고 장난감이 하나도 없다는 점을 들어 방을 '감옥'으로 느낄 거라고 해석한다면 어떨까요? 이는 어린이문학 평론가인 마리아 니콜라예바가 『어린이 문학에 나타난 힘과 목소리, 주체성』에서 한 말입니다.

『그림책의 미학』에는 『앵그리맨』을 분석한 글이 나옵니다. 에필로그에서 아이가 비행기를 날리는 모습을 머리말 그림과 비교하면 긍정적인 발달을 경험한 것으로 보이지만 문제 해결 전에 상상으로 즐거워하는 모습을 '모사'한 것으로 해석하면 그 발달을 완전한 것으로 확신할 수 없다고 말합니다.

평론가는 다양한, 그리고 부정적인 해석도 제시할 필요가 있습니다. 그런데 아이가 이런 해석, 다소 '주류' 의견과 다른 입장을 선호한다면 어떻게 대해야 할까요? 아이가 독특한 경험이나 취향 때문에 그런 입장에 선 것이라고 이해한다고 해도 지지

『**괴물들이 사는 나라**』, 모리스 샌닥 지음, 시공주니어

할 필요가 있을까요? 왜냐하면 아이가 어릴 때에는 거의 대부분 외모부터 능력, 또는 가치 등의 차원에서 '정상'을 향해 좋아지려고 애쓸 것이기 때문입니다.

『휠체어 탄 소녀를 위한 동화는 없다』를 쓴 어맨다 레덕은 '가벼운 뇌성마비와 강직성편마비(마비된 쪽 근육의 긴장이 증가하는 한쪽 마비)'로 인해 다리를 약간 절면서 걸어 다닙니다. 그는 어릴 때 발을 절지 않는 것처럼, 장애가 없는 것처럼 행동했다고 합니다. 왜냐하면 그림 동화나 안데르센 동화 등에서 나오는 행복한 결말은 오직 비장애인에게만 온다고 알았기 때문에 그랬다고 합니다. 또 외모를 고치거나 특정 경험이나 취향을 바꿀 수 있습니다. 그러면서 어떤 상처를 남길지는 알기 어렵지만 그 흔적과 '정상'의 자유로움은 비교하기 어려울 것입니다.

하지만 여전히 고칠 수 없거나 바꿀 수 없는 측면이 있습니다. 레덕도 나이가 들어 자신의 장애를 있는 그대로 받아들이면서 '장애가 있는 삶도, 장애 서사도 희망으로 가득 찰 수 있다.'고 깨달았다고 합니다. 예전에 흑인이나 여성이, 그리고 최근에 장애인이 본인 스스로 목소리를 내고 있어 '정상인'이 그동안 차별하고 있었다는 부분을 깨닫게 됩니다. 그래서 그들을 동등한 존재로 받아들여야 한다는 당위를 인정하고 있습니다. 이런 점에서 본다면 불편한 해석, 심지어 주제를 의심하는 해석을 알려 줘야 한다는 쪽으로 기울게 됩니다. 아니면 설명하지 않고 낯선 장면이나 모순된 상징을 알려 주는 모양을 취하게 되지요. 실제로 많은 부모가 이렇게 하고 있을 것입니다.

그림책에 어른의 목소리가 숨어 있다면

여성학자 정희진은 주류가 "서울 출신, 남성, 서양, 중산층, 비장애인, 이성애자, 건강한 사람, '학벌 좋은' 사람"이고 사회는 모두 이들 '주류' 시각 안에 포섭되어 있다고 말합니다. 여기에 성인도 포함시키고 싶습니다. 그렇다면 노인이나 아이도 비주류에 속하게 되지요.

아이는 기본적으로 약자입니다. 특히 부모나 교사 등 어른과의 관계에서 그렇지요. 어린이 문학에는 아이가 주인공이어도 인식 수준이 낮으므로 독자에게 내용을 이해시키려면 아이 목소리 이상이 필요합니다. 또 문제 해결에도 한계가 있으므로 어른의 도움이나 지지를 받는 형태로 이야기가 전개됩니다. 그렇다면 주인공인 아이가 주체적으로 인식하고 능동적으로 행동하는 모습을 표현할 수는 없는 것일까요? 판타지가 아닌 이상, 어른에게 의존하는 모습은 불가피한 것일까요? 그런데 마리아 니콜라예바는 '해리 포터' 시리즈를 분석한 글에서 해리가 가진 마법의 힘이 볼드모트와 동등하지만 여전히 성인 마법사들의 명령에 복종해야 한다는 점을 지적합니다. 판타지인데도 말입니다.

그림책은 글과 그림의 관계까지 겹쳐 더 복잡해집니다. 페리 노들먼은 그림책의 역동성은 아이다운 관점의 단순한 텍스트와 성인의 관점을 제공하는 비교적 복잡한 그림 사이의 관계에서 나온다고 합니다. 그림이 더 정교하고 더 사실적일수록 현실의 문화적 질서, 즉 성인들의 세계를 더 잘 보여 준다고 하지요. 그림책 『아빠는 언제 와』에서 주인공 앰버는 유치원이 4시에 끝나지만 7시까지 아빠가 데리러 오기를 기다립니다. 그때 상상으로 아빠를 달에 혼자 두고 여러 가지 활동을 하지요. 그러면서 아빠가 깨닫기를 바랍니다. '누군가를 기다리는 건, 겁나고 쓸쓸한 것'이라고. 노들먼은 아이가 아빠 권위의 전복을 상상하지만, 그저 그의 애정과 관심을 필요로 하는 자신을 발견한다고 그 한계를 지적합니다.

마리아 니콜라예바도 글에서 아이의 편인 척하지만 그림 이야기 뒤엔 어른이 숨어 있다고 하지요. 또 어린이문학에서 어른의 목소리는 아동의 목소리보다 더 권위 있었으며 앞으로도 그 점은 변하지 않을 것이라고 합니다. 그러면서 『괴물들이 사는 나라』에서 엄마가 단 한 번 등장하지만 모든 것을 알고 있고 또 할 수 있지만 하지 않는, 무심한 권력자로 나타났다고 하고, 그녀가 가지고 있는 힘은 특히 보이지 않기 때문에 더 위협적이라고 말합니다.

그림책의 주제나 저자의 의도는 숨어 있는 어른의 목소리로 나타나고, 이는 아이가 볼 때 정상·주류를 대변하는 어른으로, 자신이 따라야 할 모범으로 받아들이기 때문에 아이들의 저항이나 전복은 미미한 효과를 빚게 됩니다. 이는 어쩔 수 없는 것일까요? 노골적으로 교훈과 가르침, 통제와 협박을 드러내는 책보다 이런 책들이 낫다고 봐야 할까요?

혹시라도 이렇게 어른의 목소리가 숨어 있다면 그림책에 관한 통상적인 해석을 왜곡해서 받아들이는 것이 아닐까요? '전쟁'의 부정적인 측면을 이야기하는데 아이는 긍정적인 면을 떠올리거나 '효도'를 자랑스러워할 때 '상상력의 빈곤'을 느끼거나, 진실을 드러내기 위한 그림책인데 오히려 더 중요한 사실을 억압하는 것으로 해석하는 이유는 아마도 의식하지는 못하겠지만 불손한 시선을 느끼기 때문이 아닐까요?

아이를 위한다고, 아이의 시선으로 세상을 바라본다고, 아이의 상상력과 주체성을 존중한다고 할 때 어떤 측면에서 그림책을 바라보고 해석해야 할까요?

아이 주변에는 아이가 없다

『사라, 버스를 타다』와 『일어나요, 로자』를 같이 읽으면 흥미로운 점을 발견할 수 있습니다. 『사라, 버스를 타다』에서 아이는 사라만 나옵니다. 도와주는 사람들은 모두 어른들입니다. 학교에 갈 때, 버스를 타지 않고 걸어가는데 주변엔 모두 어른입니다. 『일어나요, 로자』는 주인공이 어른입니다. 그래서인지 주변에 어른들이 나오고 이름도 나옵니다. 심지어 버스 운전사 이름도 나오지요.

이 차이는 벡델 테스트에 비추면 쉽게 이해할 수 있습니다. 미국의 만화가 벡델이 영화의 성평등 평가 방식으로 제안한 것입니다.

'첫째, 영화에 이름을 가진 여성이 둘 이상 등장한다. 둘째, 여성들이 서로 이야기를 한다. 셋째, 이야기의 주제가 남성에 대한 것 이외이다.'

아이를 위한 그림책이라면 여성을 아이로 바꾸면 됩니다.

'첫째, 그림책에 이름을 가진 아이가 둘 이상 등장한다. 둘째, 아이들이 서로 이야기를 한다. 셋째, 이야기의 주제가 어른에 대한 것 이외이다.'

먼저 이름을 살펴보지요. 『사라, 버스를 타다』에 나오는 아이의 이름은 사라뿐입니다. 남자 또래가 나오지만 이름은 없고 이야기를 한다고 보기 어렵지요.『지각대장 존』에도 존 혼자 나옵니다. 학교인데도 다른 아이는 나오지 않습니다.『까마귀 소년』에는 많은 아이들이 그림에 나오지만 이름은 주인공 한 명만 나옵니다.

『들꽃 아이』에는 주인공 보선이 외에 친구 정은이가 같이 나옵니다.『로쿠베, 조금만 기다려』에도 친구들 이름이 많이 나옵니다. 에지, 칸, 미츠오, 시로, 미스즈로 그림에 나오는 아이 5명 이름이 모두 나옵니다. 로쿠베는 개 이름입니다. 친구인 개도 쿠키라는 이름이 나옵니다.

둘째, 아이들이 서로 이야기를 할까요? 그림책이어도 어른이 등장하면 집단 모임이나 집단 저항이 나옵니다.『파란 나무』에는 사람들이 파란 나무를 살려 달라고 소리 높여 외쳤다는 글이 나오고 그림으로 표현되어 있습니다.『브레멘』에서도 닭과 고양이 개, 당나귀들이 모이고 또 강도들까지 같이 밥 준비를 합니다. 하지만 주인공이 아이 얼굴로 나오면 저항이나 도전하는 장면이 나와도 주변엔 아이들이 없습니다.『아빠는 언제 와』에서 유치원에서 놀 때는 아이들이 있고, 퇴원할 때 아이들이 지나가지만 아이의 상상 속에는 혼자 나옵니다.『앵그리맨』은 더 놀랍습니다. 주인공 보이는 가정 폭력을 개한테 말합니다. 또 나무 덤불에게, 새들에게, 잔디에게 말합니다. 개가 짖습니다. 새들이, 구름이, 바람이, 참새가, 지빠귀와 찌르레기가 소리칩니다. "다른 사람한테 말해, 편지를 써, 편지." 근데 주변엔 아이들이 없습니다. 편지 쓰라고 말하는 친구. 아니 이야기를 들어줄 친구. 한 명도 나오지 않습니다.

『까마귀 소년』에는 주인공을 놀리는 아이들이 나오지만 같이 이야기하거나 같이 활동하는 모습도 나오지 않습니다. 이소베 선생님이 아이들을 데리고 학교 뒷산에 올라갈 때 머루가 열리는 곳을 찾는 그림이 나오지만 옆에 아이는 없습니다. 또 반 꽃밭을 만들 때도 혼자서 일을 하지요. 두 명의 아이가 뒷짐 지고 구경하고 있고.

숨어 있는 아이들

정말 주변에 아이가 없었을까요? 아니 같이 공감하고 같이 움직인 아이가 없었을까요? 『지각대장 존』에서 악어에 물렸다는 사실을 선생님이 부정해도, 다음 날 다시 사자에게 물렸다고 말할 수 있는 까닭은 누군가가 이를 거짓이 아니라 진실로 받아들였기 때문일 것입니다. 아마도 반 친구가 그랬겠지요. 지각대장 존은 당연히 친구한테 억울함을 얘기했을 것입니다. 선생님이 진실을 받아들이지 않는다고. 친구는 동조할 것입니다. '선생님은 듣고 싶은 것만 듣잖아.' 하고. 친구가 없을 수도 있습니다. 그렇다면 가방을 뺏기고, 나무 위로 도망가고, 물벼락을 받은 것은 친구들로부터 괴롭힘을 당한 것이지요. 그 친구들이 선생님의 총애를 받는 아이라면 존은 악어나 사자라고 말할 수밖에 없습니다. 제대로 얘기하면 더 크게 혼날 테니까요.

『매미』에서 17년 동안 혼자 부당한 대접을 받았지만 하늘을 날 때는 수많은 매미들이 나옵니다. 그들은 그동안 어디에 있었을까요? 우리 눈에는 보이지 않겠지만 매미 애벌레들은 서로를 알고 느끼고 있지 않았을까요? 그래서 그 힘든 일도 참고 견딜 수 있을 테고.

아나키스트이자 정치학·인류학 교수인 제임스 스콧은 『지배, 그리고 저항의 예술』에서 '은닉 대본'이란 표현으로 피지배층의 삶을 보이지 않는 저항으로 해석합니다. 지배층은 문자로 기록하고 공개적으로 행동하고 공개적으로 조직하지만, 피지배층은 흔적을 스스로 덮어 버림으로써 실제로 감수해야 하는 위험 부담을 최소화할 뿐만 아니라 저항을 하고 있다고 확신할 만한 물증까지 제거하기도 한다고 말합니다. 이런 관계는 '간수와 죄수, 직원과 정신병 환자, 교사와 학생, 사장과 노동자 사이에도 마찬가지로 유효할 수 있다.'고 말하는데 부모와 자녀의 관계도 절반 정도는 이렇게 봐야 하지 않을까 생각합니다.

약자들이 모여서 저항하는 모습을 강자들은 인정하지 않을 뿐만 아니라 그것이 겉으로 드러나기 전까지는 그런 현실을 인식하지 못합니다. 그렇지요. 매미 애벌레들이 서로 고립되어 있다가 갑자기 한꺼번에 나타난다고 알고 있는 것은 인간의 눈으로 바라보기 때문입니다. 마찬가지로 아이들이 고립되어 있다고 보는 것은 어른의 눈으로 보기 때문입니다. 더구나 『앵그리맨』처럼 다른 사람에게 말하지 못하도록 통제한 상태지요. 엄마는 가정 폭력을 '일급비밀'이라면서 말하지 못하게 했지요. 나중에 부모 관계가 좋아진 다음에 엄마가 아이에게 "어떻게 편지를 쓸 생각을 했니?" 하고 물으면 어떻게 답할까요? 아이가 구름이, 바람이, 참새가 말하라고 했다고 대답하면 엄마는 웃을 것입니다. 근데 또래가 조언했다면 화를 내겠지요. 그렇기에 아이는 또래를, 사람이 아닌 구름, 참새 등으로 바꿔서 기억하는 것입니다.

페리 노들먼이 얘기하는 대로 그림책에는 아이의 삶을 현실 그대로 표현하지 않고 어른이 기대하는, 즉 통제 가능한 아이의 모습을 그리고자 하기 때문에 주변에 아이가 겉으로 드러나지 않았다고 말해도 될까요? 아이의 실제 삶으로 추론해 보면 『아빠는 언제 와』처럼 늦게 퇴원하는 아이에게 친구들은 한마디 할 것입니다. 놀림일 수도 있고, 위로의 말을 건넬 수도 있습니다. 내일 또 만날 텐데, 어려움을 전혀 모른 척할 수 없지요. 급하게 가느라 아는 척도 하지 않는 것은 어른의 입장입니다. 전 이렇게 얘기하고 싶습니다. "난 일찍 들어가지만 나도 너랑 똑같아. 집에 가면 아빠는 나랑 놀아 주지 않거든." 그러면 아이는 상상할 때 혼자 아니라 그 친구와 함께 여행할 것입니다.

아이는 어른으로 성장하는, 미래를 위해 노력해야 하는 존재이면서 다른 한편으로는 지금 당장 아이로서의 삶을 있는 그대로 받아들여 살아야 합니다. 후자의 측면에서 보면 아이는 당연히 사회적 약자에 속합니다. 약자는 약자이기에 협력이 필수적입니다. 이런 관점을 받아들여 개인적인 문제나 사회 문제까지도 주변 친구들과 협의하고 같이 행동하는지 아닌지 살펴봐야 할 것입니다. 이렇게 비평하는 관점도 다양한 해석의 한 부분으로 포함되면 좋겠습니다. 어쩌면 이렇게 아이의 시각으로 해석하는 측면이 분명히 드러난 다음에야 아이도 어른들이 가르치고 싶어 하는 주제를 받아들일 수 있을 것입니다.

앞에서 언급한 『로쿠베, 조금만 기다려』도 좋아하지만, 『율리와 괴물』도 좋아합니다. 율리는 화장실에 괴물이 산다고 생각해서 오줌 누러 가기 두려워합니다. 그러다가 바지에 오줌을 싸고 친구들한테 놀림을 받습니다. 그때 카트린이라는 친구가 조언합니다. 자기도 '괴물 머리에다 오줌을 갈겨 주었다.'고. 이 책에도 친구 이름이 나오네요. 아르네, 니나, 플로리, 파비안.

『**율리와 괴물**』, 유타 바우어 지음, 문학동네
『**난 커다란 털북숭이 곰이다**』, 야노쉬 지음, 시공주니어

『난 커다란 털북숭이 곰이다』에서도 주인공 한스는 엄마한테 화를 내면서 '털북숭이 곰'으로 변신해서 나갑니다. 친구 페터 프레제를 데리고 나와 어른들의 질서를 깨뜨리지요. 저녁 때 친구에게는 집으로 가라고 합니다. 엄마가 기다린다고. 하지만 자기는 여자친구 푸티에게 가서 오늘 일을 얘기합니다. 여자친구 푸티는 "우와, 넌 정말 커다란 털북숭이 곰이구나!"라고 인정합니다. 『괴물들이 사는 나라』와 결말이 많이 다르지요?

아이 시각으로 바라보려면

요즘은 다양하게 해석하고, 다른 관점으로 해석하는 것을 당연하게 받아들이고 있습니다. 아이들의 지향이 다양하기 때문이기도 하고 사는 모습들이 저마다 다르기 때문일 것입니다. 그래서 아이들의 엉뚱한, 다소 틀린 해석도 예전보다는 고

쳐야겠다는 부담 없이 그대로 들어줄 수 있습니다. 아이들도 그만큼 그림책을 읽고 마음껏 상상할 수 있어 좋겠지요.

그런데 수상작이나 현실의 어두운 면을 다룬 그림책, 상징이나 은유가 많은 그림책은 오히려 반대인 듯합니다. 중요하다고 해서, 어렵다고 해서 출판사나 평론에서 아이들에게 친절하게 설명해 주고 있는데 이것이 아이들의 다양한 해석을 제한하는 것은 아닌지 걱정됩니다. 아이들은 자신의 구체적인 경험이 제한되어 있어 자신의 경험을 넘어선 그림책을 해석할 때 엉뚱한 상상을 펼칠 수밖에 없습니다.

더구나 해설은 대체로 사회 주류의 입장을 대변하고 있습니다. 이들은 자신들, 그리고 자신들의 사고방식을 '정상'이라고 전제하고 은연중에 다른 해석을 무시하는 경향이 있습니다. 그래서 사회적 약자의 시각은 숨어 있게 되는 것이지요. 앞에서 얘기했듯이 '코끼리 장님 만지듯'이란 속담이 아직도 통용되고, 그런 그림책이 '참된 지혜는 전체를 보는데서 나온다.'는 진실을 간결하게 표현했다고 칭찬받는 상황에서 '시각 장애인'은 전체를 보기 위해 어떤 방법을 사용하는지 표현하지 못합니다. '장님'은 전체를 보지 못한다거나 전체는 시각으로만 본다는 것을 너무나 당연하게 여기고 있으니까요.

이처럼 해석이 다양한데도 사회적 약자의 시각을 배제하

는 경우가 많습니다. 여성이나 흑인, 장애인같은 사회적 약자는 어느 정도 자신의 목소리를 드러낼 수 있지만 그렇지 못한 약자들도 아직 많이 존재합니다. 더구나 주류와 다른 취향이나 성격, 가치 등을 갖고 있지만 분명하게 범주화하기 어려운 사람의 시각은 다양한 해석에서 잘 반영되지 않습니다. 예를 들어 수치심 등으로 폭력을 절대 얘기하지 못하는 성향의 아이에게 119나 주변 어른에게 신고하라고 조언하는 것은 도움이 되지 않을 것입니다.

아이는 어른으로 성장하는 존재이지만 자기 주변의 세계를 이해하지 못하고, 또 주변 어른들로부터 이해받지 못하는 상황에서 살아가고 있습니다. 그런 점에서 아이는 사회적 약자입니다. 그림책은 대부분 어른들이 만들고 평을 해서 그렇겠지만, 아무리 그렇더라도 아이의 시각이 잘 드러나지 않는 점은 놀랍습니다. 어른에게 조언을 구할 순 있지만 주체적으로 해결책을 찾으려면 자기와 같은 상황에 놓여 있는 또래와 직접, 또는 상상으로 논의하고 협의해야 할 것입니다. 사회적 약자라는 점에서 아이 주변에 놓인 인형, 동물, 심지어 무생물 역시 아이와 같은 처지입니다. 이들이 아이의 변신이 아니라고 해도 아이의 상상 속에서 함께 얘기하는 존재로 해석하는 것은 틀린 것이 아닐 것입니다.

우리는 이런 상상도 틀렸다고 지적하지 않습니다. 그림책을 읽고 현실의 이면과 사실적인 정보를 배우는 것과 마찬가지로 언어와 상징으로 드러난 내용을 자신의 경험과 연결시키려는 노력도 중요하다고 생각하기 때문입니다.

아이들은 그림책을 통해 자기 주변에 있는 개인 문제나 사회 현실을 어떻게 인식하고 극복할 것인지 상상으로 연습한다고 생각합니다. 그렇기 때문에 '그림책 속에는 아이들끼리 공감하고 협의, 협동하는 모습이 숨어 있다.'는 추론을 다양한 그림책에 적용해 보면 좋겠습니다. 그런 추론이 이상적인 상황을 가정하고 있어 불편하다고 여길지 모르지만, 이처럼 과감한 해석을 시도할 필요가 있습니다. 어른들의 일방적인 추천이나 기대하는 방향의 독해가 아니라 아이들의 주체적인 목소리를 제대로 드러내기 위해서이지요. 이를 통해 결국에는 아이의 바람직한 삶이 반영된 '좋은' 그림책과 좀 더 다채롭고 놀라운 해석이 나오지 않을까요?

참고 도서

『생은 아물지 않는다』, 이산하 지음, 마음서재

『난치의 상상력』, 안희제 지음, 동녘

『재미있는 숙제 신나는 아이들』, 이호철 지음, 보리

『동화의 정체』, 잭 자이프스 지음, 문학동네

『고양이 대학살』, 로버트 단턴 지음, 문학과지성사

『앤서니 브라운 나의 상상 미술관』, 앤서니 브라운·조 브라운 지음, 웅진주니어

『자녀 교육, 사랑을 이용하지 마라』, 알피 콘 지음, 우리가

『학습동기를 높여주는 공부원리』, 캐롤 드웩 지음, 학지사

『자유로운 아이들 서머힐』, A. S. 니일 지음, 아름드리미디어

『아내를 모자로 착각한 남자』, 올리버 색스 지음, 이정호 그림, 알마

『나는 한 목소리를 보네』, 올리버 색스 지음, 가톨릭출판사

『블랙 라이크 미』, 존 하워드 그리핀 지음, 살림

『텔레비전과 동물원』, 올리비에 라작 지음, 마음산책

『왜 어떤 정치인은 다른 정치인보다 해로운가』, 제임스 길리건 지음, 교양인

『아이들은 왜 느리게 자랄까?』, 데이비드 F. 비요크런드 지음, 알마

『어린이 문학에 나타난 힘과 목소리, 주체성』, 마리아 니콜라예바 지음, 교문사

『그림책의 미학』, 테레사 콜러머 외 지음, 교문사

『휠체어 탄 소녀를 위한 동화는 없다』, 어맨다 레덕 지음, 을유문화사

『지배, 그리고 저항의 예술』, 제임스 C. 스콧 지음, 후마니타스

『부모 역할 훈련』, 토마스 고든 지음, 양철북

『학교의 배신』, 존 테일러 개토 지음, 민들레

『타인의 고통』, 수전 손택 지음, 이후

『풀하우스』, 스티븐 제이 굴드 지음, 사이언스북스

『힘내라 브론토사우루스』, 스티븐 제이 굴드 지음, 현암사

『판타지 동화 세계』, 이재복 지음, 사계절

『그림책이 내게로 왔다』, 김상욱 외 지음, 상상의힘

『어린이 문학의 즐거움』, 페리 노들먼 지음, 시공주니어

『나를 불편하게 하는 그림책』, 최은희 지음, 낮은산

『그림책을 읽자 아이들을 읽자』, 최은희 지음, 우리교육

『인권 감수성을 기르는 그림책 수업』, 이태숙 지음, 학교도서관저널

『깊고 그윽하게 우리 그림책 읽기』, 남지현 지음, 상상의힘

『동물원 동물은 행복할까?』, 로브 레이들로 지음, 책공장더불어

『원숭이와 초밥 요리사』, 프란스 드 발 지음, 수희재

『예루살렘의 아이히만』, 한나 아렌트 지음, 한길사

『양육 쇼크』, 포 브론슨·애쉴리 메리먼 지음, 물푸레

『내가 만난 아이들』, 하이타니 겐지로 지음, 양철북

『정희진처럼 읽기』, 정희진 지음, 교양인

낯선 그림책 읽기의 세계

1판 1쇄 인쇄 2021년 8월 2일
1판 1쇄 발행 2021년 8월 16일

지은이 유영호

펴낸이 한기호
책임편집 오선이
편집 여문주, 박혜리
본부장 연용호
마케팅 윤수연
경영지원 김윤아
인쇄 예림인쇄
펴낸곳 (주)학교도서관저널
출판등록 제2009-000231호(2009년 10월 15일)
주소 서울시 마포구 동교로 12안길 14(서교동) 삼성빌딩 A동 3층
전화 02-322-9677
팩스 02-6918-0818
전자우편 slj9677@gmail.com
홈페이지 www.slj.co.kr

ISBN 978-89-6915-108-7 03300

책값은 뒤표지에 있습니다.